CONVERSATIONS

D'UN CURÉ DE CAMPAGNE

avec

LE MAIRE, L'INSTITUTEUR & LE SACRISTAIN,

Sténographiées par le Garde-Champêtre;

DÉDIÉES

Aux Hommes Sensés et de Bonne Foi,

Par leur très-humble admirateur PHILOS.

Prix : 75 centimes.

BORDEAUX;

LIBRAIRIE DE CHAUMAS-GAYET,
Fossés du Chapeau-Rouge, 34.

TOULOUSE,

LIBRAIRIE D'ÉDOUARD PRIVAT,
Rue des Tourneurs (Hôtel Sipière).

1850

CONVERSATIONS

D'UN CURÉ DE CAMPAGNE

AVEC LE MAIRE, L'INSTITUTEUR ET LE SACRISTAIN.

NOTA.

Tout ce que nous disons dans cet écrit, relativement à la Constitution française, est puisé dans l'excellent ouvrage intitulé : *Restauration de la Société française*, par M. de Lourdeix.

BORDEAUX. — IMPRIMERIE DE J. DELMAS,

Fossés de l'Intendance, 15.

CONVERSATIONS

D'UN CURÉ DE CAMPAGNE

Avec le Maire, l'Instituteur et le Sacristain,

STÉNOGRAPHIÉES PAR LE GARDE-CHAMPÊTRE ;

DÉDIÉES

AUX HOMMES SENSÉS ET DE BONNE FOI,

Par leur très-humble admirateur PHILOS.

BORDEAUX,

CHEZ CHAUMAS-GAYET, LIBRAIRE,

FOSSÉS DU CHAPEAU-ROUGE, 34.

TOULOUSE,

LIBRAIRIE CLASSIQUE ET D'ÉDUCATION D'ÉDOUARD PRIVAT,

Rue des Tourneurs (Hôtel Sipière).

1850.

CONVERSATIONS

D'UN

Curé de Campagne

AVEC

LE MAIRE, L'INSTITUTEUR ET LE SACRISTAIN,

sténographiées

PAR LE GARDE-CHAMPÊTRE.

PREMIÈRE CONVERSATION.

—

LE SACRISTAIN.

Nous étions dans le jardin, M. le Curé, lorsqu'une bande de bons vivants, sortant du cabaret voisin, est passée près de nous, en criant : *Vive la République démocratique ! Vive la Liberté !* J'ai demandé à l'Instituteur ce que voulaient dire tous ces mots; et comme je ne comprends pas trop ce qu'il m'a répondu, je vous prierais de vouloir bien me le répéter, pour savoir si sa définition entrera dans mon intelligence.

L'INSTITUTEUR.

Il est vrai que les mots de *Liberté*, de *République*, sont employés par des gens que je connais, et dont les opinions n'ont aucune harmonie entre elles; en sorte que ces expres-

1

sions ont certainement une signification différente pour chacun de ceux qui les emploient.

LE CURÉ.

Vous savez, M. l'Instituteur, que plusieurs peuples de l'antiquité prétendaient posséder la vraie liberté ; et cependant si l'on nous obligeait à vivre comme les Romains ou les Spartiates, nous nous trouverions très-malheureux. La prétention des Grecs et des Romains, à la liberté, était fondée, sans doute, sur ce que chaque citoyen avait ou pouvait avoir des esclaves ; et vous n'ignorez pas que les maîtres avaient tout pouvoir sur ces malheureuses victimes, même celui de les faire mourir. On les jetait dans les viviers pour engraisser les poissons ; ainsi, comparativement à eux, ils devaient se trouver très-libres. Et soit dit en passant, les philosophes Platon et Sénèque ont fait de fort beaux discours pour prouver que l'on avait raison de les traiter ainsi, parce qu'ils étaient d'une espèce inférieure aux autres hommes.

Dans la théologie catholique, le mot liberté à deux significations bien différentes. Ainsi, on dit que l'homme est libre, en ce sens qu'il peut se décider pour le bien ou pour le mal, à son choix, selon sa volonté. D'un autre côté, on dit qu'il est libre lorsqu'il a su s'affranchir de ses passions, qu'il les a domptées, parce qu'il s'est affranchi du péché et qu'il n'est plus esclave du démon. Des philosophes ont prétendu que l'homme ne pouvait avoir aucune liberté, vu qu'il était forcé d'obéir à l'inexorable fatalité. Mais comme nous n'avons aucun besoin de toutes ces opinions, de ces distinctions, nous dirons que *la liberté consiste à pouvoir remplir ses devoirs et exercer ses droits sans obstacles.* C'est la seule liberté que les citoyens peuvent réclamer, c'est aussi la seule que les gouvernements peuvent et doivent accorder. Ainsi, toutes les fois que nous emploierons ce mot, nous comprendrons ce qu'il signifie.

L'INSTITUTEUR.

Vous venez d'employer le mot de *droit ;* que dois-je entendre par ce mot ?

LE CURÉ.

Les philosophes ont encore employé ce mot de bien des manières. Les uns ont dit qu'il n'y avait d'autre droit que la force ; il en est qui ne connaissent de droit que le plaisir ; un troisième prétend que nous n'avons pas plus de droit que de liberté, que de devoir. Nous avons entendu dire, dans les Chambres, que les citoyens n'avaient d'autres droits que ceux conférés par les lois ; et comme celles-ci changent tous les jours, il s'ensuivrait que personne ne pourrait se flatter de posséder le lendemain les droits dont il jouissait la veille ; et voilà ce qu'on appelle de la constitutionalité, de la liberté ! D'autres ont prétendu que c'est le droit qui fait la loi ; alors pourquoi nos lois varient-elles à chaque instant ? N'est-ce pas parce que nous ne sommes pas dans le droit ? Quant à nous, nous considérons le *droit comme un avantage que l'on obtient en remplissant un devoir qui lui est corélatif le plus souvent.*

L'INSTITUTEUR.

Et qu'appelez-vous le devoir ?

LE CURÉ.

Il est des obligations auxquelles l'homme doit obéir ; telles que la justice, la charité, la bienveillance, la morale, obligations que Dieu lui-même nous a imposées. Nous devons aussi obéissance aux lois humaines, qui ne sont pas en contradiction avec ces lois religieuses. L'accomplissement de toutes ces choses est ce que nous appelons le *devoir.* Le *devoir* accompli donne naissance à un *droit* qui lui correspond ; et lorsque l'on peut remplir son devoir et exercer son droit sans contrariétés, on possède la liberté, ainsi que nous l'avons dit. Mais remarquez bien que, sans *devoir*, il n'y a pas de *droit*; et s'il n'y a ni *devoir* ni *droit*, il n'y a pas de *liberté*. Je vous laisse avec M. le Maire, et je vais voir un malade.

L'INSTITUTEUR.

Puisque M. le Curé est sorti, je vous dirai que ce qu'il vient de dire me surprend beaucoup; car je croyais qu'on est d'autant plus libre, que l'on a moins de devoirs à remplir.

LE MAIRE.

Cette opinion a été émise par grand nombre de philosophes. Ils voyaient bien que les lois et la religion prescrivent à tous les hommes, quelle que soit leur position, grand nombre de devoirs, souvent très-pénibles à remplir; ce qui paraissait, à leurs yeux, contrarier la liberté. Ils ne se trompaient pas, s'ils entendaient par liberté la possibilité de faire ce qui nous plaît, de suivre nos goûts, nos penchants, nos inclinations bonnes ou mauvaises; mais ce n'est plus de la liberté, c'est de la *licence*.

LE SACRISTAIN.

Cette liberté, M. le Maire, serait bien de mon goût; et je ne serais pas fâché d'en goûter un peu.

LE MAIRE.

Vous n'êtes pas le seul à qui elle plaît; mais la voudriez-vous pour vous exclusivement ou pour tout le monde?

LE SACRISTAIN.

Je voudrais que tout le monde pût en jouir; mais si cela n'est pas possible, pourquoi ne pourrais-je pas la posséder quelque temps à moi tout seul?

LE MAIRE.

Le gouvernement, quel qu'il soit, ne peut accorder à chaque

individu la tolérance de suivre en toutes choses ses goûts et ses penchants, vu qu'ils sont plutôt mauvais que bons. Aujourd'hui vous convoiteriez la rége de vigne qui est à côté de votre jardin ; mais elle conviendrait aussi à Pierre, et vous entendriez-vous pour la prendre de concert à celui qui la possède ? Bientôt d'autres vous diraient : « Nous n'avons rien, et ceci nous accommoderait parfaitement. » De là, dispute, menaces, coups, et malheureusement, quelquefois, assassinat. Ou feriez-vous comme les habitants d'une commune voisine, qui, un jour d'élections, eurent la fantaisie de briser l'urne, chassèrent les membres du bureau, administrèrent même quelques coups de poing ; et comme pour cela ils furent mis en prison, un de leurs amis se plaignait, disant que c'était avoir fait bien peu de chose pour un temps de république et de liberté. Vous sentez que tous ces désordres léseraient beaucoup de personnes, qui finiraient par se défendre ; d'où il s'en suivrait guerre civile, égorgement. Ainsi, vous voyez qu'il est impossible qu'un gouvernement puisse accorder à chaque individu la permission de faire tout ce qui lui plaît. Mais chacun de nous, à ses risques et périls, peut, jusqu'à un certain point, se donner cette satisfaction. Vous en avez vu tout à l'heure un exemple dans les ivrognes qui sortaient du cabaret.

LE SACRISTAIN.

Je me garderais bien de faire comme eux, parce que l'on me chasserait de ma place, et que ma famille se trouverait dans la misère. Il est clair que tous les pauvres diables qui, comme moi, sont obligés de travailler pour vivre, ne peuvent faire ce qui leur serait agréable.

LE MAIRE.

Ne vous figurez pas que le riche puisse, beaucoup plus que vous, suivre ses goûts et ses penchants. D'abord, s'il est religieux , il sera bien vite arrêté. S'il ne l'est pas, il pourra quelque temps prendra ses ébats ; mais bientôt la perte de sa fortune , les maladies, les dégoûts , viendront le punir de ses folies. Mais pourriez-vous me dire ce que vous appelez riche?

LE SACRISTAIN.

Un homme est riche quand il n'a pas besoin de travailler pour vivre , quand il a de bonnes rentes , ou un domaine qui lui procure ce qui est nécessaire pour vivre lui et sa famille; lorsqu'en outre il est bien logé, qu'il a de beaux habits.

LE MAIRE.

Quand il n'a pas besoin de travailler ! dites-vous? Sachez donc que Dieu a condamné tous les hommes au travail; mais pas tous au même genre de labeur. L'un est charpentier, un autre est laboureur ; mais vous vous figurez que l'homme de cabinet , l'homme d'étude ne travaillent pas. Dès qu'un homme n'a pas la pioche, le rabot ou le marteau à la main , selon vous , il ne fait rien. Le géomètre, le physicien, le chimiste, le naturaliste, l'astronome, l'historien consciencieux, étudient, travaillent toute leur vie , et vont rarement à la fortune. Croyez-vous que le négociant, le banquier, l'avocat, le juge , le médecin , soient des hommes oisifs? Avouez donc que le nombre des non travailleurs est bien restreint. Je conviens ensuite, avec vous, qu'il y a des misérables, dans toutes les classes de la société , qui ne veulent se livrer à aucune espèce d'occupation, pour qui la fatigue est une horreur. S'ils sont riches, le jeu , les folles dépenses les ont bientôt ruinés, et tous fournissent des recrues aux prisons et aux bagnes.

Quant à la définition que vous avez donnée du riche, je la trouve juste d'après ma manière de voir. En effet, il semble que lorsqu'un homme a de quoi vivre convenablement , il soit riche; mais il n'est pas si facile de quitter certaines affaires :

on a gagné des millions et l'on se trouve pauvre. On l'est réellement; car on ne peut pas, on n'a pas assez d'argent pour conduire à bonne fin une entreprise, des machines, des fabriques que l'on a en vue, et qui, dans le fait, seraient très-utiles. Voilà donc un homme que vous et moi trouvons fort riche tandis qu'il est pauvre !

Pour être riche, il faut d'abord se trouver tel ; il faut savoir modérer ses goûts, ses besoins ; il faut même souvent s'imposer des privations.

L'INSTITUTEUR.

Tout-à-l'heure j'ai demandé à M. le Curé ce que c'était que la République démocratique.

LE MAIRE.

C'est une impossibilité, pour ne pas dire un mensonge ; c'est une promesse dont on leurre les gens crédules, et qu'on ne leur donnera jamais. Et si, malheureusement, ils venaient à l'obtenir, ceux même qui la réclament le plus en deviendraient victimes. C'est ce qui faisait dire à Lycurgue, que pas un père de famille n'oserait établir la démocratie dans sa maison. En effet, si, dans votre classe, quand tous les enfants sont réunis, vous demandiez à chacun ce qu'il veut faire, croyez-vous que leur instruction avancerait beaucoup ? Étendez cet exemple à la commune ; pensez-vous que s'il fallait l'opinion de chacun pour que le curé pût dire sa messe, vous pour tenir votre classe, moi pour faire un mariage ; croyez-vous, dis-je, que nous ferions une belle besogne ? Si vous voyez de si grandes difficultés pour une famille, encore plus pour une commune, que serait-ce donc pour un pays comme la France ? Ne voyez-vous pas qu'il serait impossible de rechercher la volonté de chaque citoyen en particulier, pour savoir si l'on doit faire telle ou telle chose, qui souvent est très-pressante. Si la démocratie régnait seulement deux jours dans toute la France, la moitié des citoyens seraient égorgés.

L'INSTITUTEUR.

Pourquoi donc a-t-on acclamé la République démocratique? Pourquoi fait-on tant de promesses illusoires?

LE MAIRE.

Pour tromper le peuple et attraper son argent. On le flatte beaucoup; on lui dit qu'il est souverain, qu'il a tout droit et tout pouvoir; et tant qu'il écoute ces charlatans, les filous mettent la main dans ses poches; et vous avez là, en raccourci, ce qui s'est fait depuis longtemps, jusqu'aux *quarante-cinq centimes*.

L'INSTITUTEUR.

Mais, M. le Maire, j'ai lu que le gouvernement des Athéniens était démocratique; et d'après ce que vous venez de dire, il me paraît impossible qu'un état, si petit qu'il soit, puisse être organisé démocratiquement.

LE MAIRE.

Bien que les Athéniens appelassent leur gouvernement démocratique, il ne l'était pas; car ils avaient à peu près douze ou quinze fois plus d'esclaves que de citoyens. Les esclaves étaient occupés des travaux de l'agriculture, de tous les ouvrages pénibles. Les citoyens d'Athènes, sous leur beau ciel, pouvaient donc tous les jours, à peu près, se rendre sur la place publique, écouter les orateurs, prendre connaissance des affaires et donner leur vote. Mais ce n'était pas une démocratie pure, même à leur point de vue, puisqu'ils nommaient des magistrats, appelés archontes, auxquels ils donnaient des pouvoirs plus ou moins étendus pour l'expédition des affaires courantes. Actuellement, nous, chrétiens, qui savons que tous les hommes sont frères, descendants d'un père commun; si, par la pensée, nous rétablissons cette belle république athénienne, et que l'un de nous se transporte au milieu de cette foule d'esclaves, et leur adresse cette question : « On dit, dans un certain pays éloigné » d'ici, que le gouvernement des Athéniens est démocratique; » c'est-à-dire que la puissance du peuple est toujours en ac— » tion, toujours en permanence; est-ce vrai? Nés dans cet » heureux pays, vous faites sans doute partie du peuple, vous » êtes citoyens? » L'esclave ne manquerait pas de répondre : « Nous pouvons vous assurer que c'est bien le gouvernement » le plus aristocratique qu'il y ait; car tous les pouvoirs, tous » les droits, tous les avantages, toute la puissance, sont con- » centrés dans un petit nombre de mains. *Notre travail n'est* » *pas même notre propriété;* il ne nous procure aucun intérêt, » aucun avantage; aucune plainte, aucune réclamation ne nous » est permise. Tout ce qui nous revient, ce sont des coups de » bâton, la misère la plus affreuse, quelquefois la mort; des » insultes de toute espèce : voilà le traitement que nous éprou- » vons de ce peuple bavard, insolent et féroce. » C'est ce qui a fait dire à J.-J. Rousseau, qu'une République démocratique est impossible, que jamais on n'en a vu, et que jamais on n'en verra probablement.

L'INSTITUTEUR.

Je ne donnais pas au mot démocratie une signification aussi étendue que celle dont vous venez de me présenter le tableau. Je me figurais qu'elle consistait dans le vote universel; et qu'une fois le magistrat ou le représentant nommé, notre ouvrage était terminé, et que nous pouvions retourner à nos affaires.

LE MAIRE.

Voilà précisément le grand talent des révolutionnaires; c'est d'employer des mots dont la signification n'est pas généralement connue ou déterminée. Chacun en prend ce qui lui convient, tout le monde paraît d'accord ; et quand il faut s'expliquer, tirer les conséquences des principes que l'on vient de poser, les uns reculent épouvantés, la plupart des meneurs, dans un temps plus ou moins éloigné, sont bannis ou massacrés par leurs anciens amis, parce que les uns veulent garder ce qu'ils ont pris et que les autres en ont envie. Pour vous prouver encore que je n'ai pas surchargé le portrait de la démocratie, je vous citerai quelques phrases d'un homme dont je ne partage pas les opinions, mais dont il faut admirer la franchise et la logique.

Qu'a dit mille fois M. Proudhon ? « Vous nous avez donné » la République démocratique ; nous la voulons en fait et en » action. En conséquence, plus de consuls, plus de président, » plus d'assemblée nationale. Je suis purement anarchiste, et » je veux l'anarchie pure et en pratique. » En effet, l'accouplement des deux mots *République démocratique* peut bien être l'équivalent du mot *anarchie*.

L'INSTITUTEUR.

Comment définissez-vous le mot *anarchie* ?

LE MAIRE.

Il est composé de deux mots grecs, dont le premier a la signification de la préposition *sans*, le second celle de *vieux, conducteur, chef* ; en sorte que cela signifie une société sans *régulateur*, sans *magistrat*, sans *autorité*. Je vous demande si cela peut exister ; et si cela était, ne retournerions-nous pas promptement à l'état sauvage, après avoir passé par les massacres les plus affreux.

L'INSTITUTEUR.

Je vois maintenant que vous avez raison ; et dès le moment

qu'il y a des chargés de pouvoirs, en un mot, des délégués, quoique nommés par tous les citoyens, ce n'est plus de la démocratie pure. Mais, néanmoins, c'est à la Révolution de Février que nous devons le vote universel.

LE MAIRE.

Ne dites pas que Février nous a donné le vote universel; dites plutôt qu'il nous l'a rendu. Mais, pour mériter le titre de restaurateur, il faudrait qu'il fût sincère et libre, tandis qu'il n'est ni l'un ni l'autre par la forme qu'on lui a donnée.

A l'époque appelée aujourd'hui l'ancien régime, dans chaque commune on nommait des électeurs, qui allaient au chef-lieu de baillage pour nommer des représentants; mais avant, au premier degré, à la commune, tous les hommes majeurs donnaient leur voix pour désigner ces électeurs; et faites attention que, dans bien des provinces, pour que tous les besoins de la société fussent représentés, les corporations d'ouvriers nommaient séparément leur représentant. Ainsi, dans une ville telle qu'est Rouen aujourd'hui, les ouvriers cotonniers auraient nommé l'homme de leur choix pour les représenter, et leurs voix n'auraient pas été perdues dans celles du département. Et enfin, pour prouver la sincérité de l'institution, on donnait aux représentants, sous le nom de *cahiers,* des instructions semblables à celles que vous donnez à l'homme que vous chargez d'une procuration. Vous aviez donc le droit de signaler les abus qui vous froissaient, et d'en demander le redressement.

Puisqu'on avait cet exemple, pourquoi les républicains ne l'ont-il pas imité? Alors ils eussent mérité le titre de *restaurateurs du vote universel,* et nous leur en aurions une grande reconnaissance. Tout ce qu'ils font, au contraire, est arrangé de manière à nuire aux masses; mais que leur importe, pourvu qu'eux et leurs affidés fassent leurs affaires.

L'INSTITUTEUR.

Il me semble, M. le Maire, que vous les jugez bien sévèrement, pour ne pas dire injustement; car toutes leurs actions sont destinées à faire le bonheur du peuple, et c'est le but auquel ils visent.

LE MAIRE.

Votre observation ne m'étonne pas; car à une autre époque, j'ai été moi-même dupe de leurs mensonges. Il ne me sera pas difficile de vous prouver qu'ils ne prennent aucun intérêt au bonheur, ni à la prospérité, ni à la gloire de la France. Ils savent très-bien choisir les moyens convenables pour se servir du peuple; mais ils n'ont jamais rien fait d'utile pour lui.

L'INSTITUTEUR.

Cependant, M. le Maire, vous ne nierez pas le courage, l'énergie que montrèrent les républicains de 93 pour repousser l'invasion étrangère?

LE MAIRE.

Vous ne pensez sans doute pas que le patriotisme naisse instantanément. Il faut beaucoup de temps pour le développer dans une nation. La génération d'alors s'indignait à l'idée de voir fouler le sol de la France sous les pieds de ses ennemis. Ce sentiment, ils le tenaient de leurs pères, qui l'avaient reçu de leurs aïeux; voilà pourquoi la France se leva en masse pour les repousser. Mais à d'autres époques, nous avons aussi lutté avec gloire contre toute l'Europe. Jamais, sous la monarchie, les Français n'ont reculé devant le danger; ils ont été écrasés quelquefois, pour se relever avec honneur. Ainsi, loin de devoir de la reconnaissance à vos fameux républicains, nous devrions plutôt les maudire, pour

avoir attiré les armées étrangères dans notre pays, par suite
de tous les crimes auxquels ils s'étaient abandonnés. Ils sa-
vaient bien qu'ils provoquaient la guerre à outrance, puisqu'ils disaient : « Nous jetons, en défi, une tête de roi à la
» face des étrangers. » Ils profitèrent de l'énergie et du courage national ; mais ils ne firent rien de remarquable, excepté
les massacres, le pillage et la misère la plus affreuse qui envahit toute la population, si bien, que chacun mourait de
faim. Demandez plutôt aux vieillards, qui existent encore
aujourd'hui, à quel prix l'on pouvait se procurer du pain.
C'était, disaient les républicains de l'époque, aux prêtres et
aux nobles qu'ils faisaient la guerre ; mais cela n'empêchait
pas le maçon, le laboureur, le porteur d'eau de monter à l'é-
chafaud. Remarquez bien que tous ces crimes étaient commis au nom du peuple souverain ; et quand l'infortuné, le
juste Louis XVI réclama l'appel à son peuple, qu'il connais-
sait, le bourreau fut chargé de lui répondre. Preuve évidente
que nous n'avons pas ce crime à nous reprocher, et qu'on ne
peut pas l'imputer à la nation française, mais seulement aux
farouches démagogues de l'époque.

L'INSTITUTEUR.

Vous condamnez bien fortement les républicains de 93,
M. le Maire ; cependant veuillez réfléchir que c'est à cette
époque que nous devons la *Constitution* par laquelle nous
connaissons les pouvoirs du Gouvernement et les droits que
les citoyens peuvent faire valoir ?

LE MAIRE.

Vous croyez donc que la France a pu constamment gran-
dir en puissance et en gloire sans une *Constitution*. Il est vrai
qu'elle n'était pas écrite sur du parchemin et composée d'une
centaine d'articles, comme nous en avons eu bon nombre

depuis. Un petit nombre de lois primitives, que l'on nomme *principes constituants* ou *droits nationaux*, au moyen desquels la société s'est formée, et qui avaient servi à la relever dans les grandes catastrophes, et même à la faire croître; voilà ce que nous appelons la *Constitution française.*

L'INSTITUTEUR.

Quelle est-elle, M. le Maire, je n'en ai jamais entendu parler.

LE MAIRE.

Vous savez que la Gaule était partagée en un grand nombre de petites républiques, et que chacune d'elles était composée d'un plus ou moins grand nombre de divisions, subdivisions, jusqu'à un petit espace que nous pourrions nommer la commune; que les magistrats de ce petit état étaient nommés par tous les citoyens, c'est-à-dire au moyen du voté universel. De là on se rendait au chef-lieu de ce que nous pourrions appeler le *canton*, pour nommer des magistrats supérieurs. Enfin, tous les ans, au mois de Mars, de tous les points de la Gaule, on envoyait au pays chartrain des représentants, qui décidaient des affaires générales de la république. Nous devons faire remarquer, à cet égard, que les Druides étaient toujours consultés quand il s'agissait des grandes entreprises. Vous voyez, d'après cela, que la *loi primitive* ou *principe constituant*, le premier en date, c'est : 1° l'administration de la commune par des municipaux désignés par le vote universel;

2° La représentation nationale obtenue aussi par le vote universel.

Quand César attaqua les Gaules, les provinces envahies se défendirent vaillamment; elles reçurent bien quelques secours des autres parties de ce beau pays, mais il manquait d'*unité* pour imprimer à toute la nation un mouvement général bien ordonné, en-sorte que les Gaulois furent battus en détail. On sait le sang versé dans cette guerre, et comment la Gaule devint province de l'empire romain. Les Romains s'emparèrent de certains terrains pour les légions, pour les villes et pour les hommes en place. Dès ce moment, les magistrats ne furent plus nommés comme par la passé. On exigea un cens pour voter à la commune. Quant aux autorités supérieures, elles étaient sous la dépendance romaine. Les fonctions principales de tous les employés étaient d'arracher le plus d'argent possible aux contribuables; et ce qu'il y a d'assez remarquable, c'est que ces places, très-ambitionnées d'abord, devinrent bientôt une charge dont personne ne voulut, parce que les empereurs romains, ayant toujours besoin d'argent, eurent l'idée de rendre leurs agents responsables de la rentrée des impôts. Ils s'en prenaient à leur fortune pour combler le déficit. C'est alors qu'on fut obligé de rendre ces places héréditaires, pour ne pas avoir à chercher tous les jours de nouveaux titulaires.

Les Gaules étaient tellement pressurées, ruinées, que dans le quatrième siècle, ses habitants résolurent de secouer le joug de Rome. En conséquence, de tous les points du pays, partirent des délégués pour Rheims, afin de sa concerter sur la forme du gouvernement et sur la ville qui deviendrait capitale. Il fut impossible de s'entendre; on se sépara en disant que l'on était fort mal, sans doute, mais que cette position était préférable à celle que l'on aurait, si on essayait d'une révolte qui ne pouvait réussir.

Les Gaulois virent encore une fois combien il était désirable d'avoir quelque chose qui représentât l'*unité*, pour coordonner tous les efforts dispersés, toutes les diverses volontés.

Faisons observer que les Gaulois avaient de bonne heure

embrassé la Christianisme, puisque saint Trophime, disciple des apôtres, dont parle saint Paul, dans son épître à Timothée, a été le premier évêque d'Arles, où il fut martyrisé. On sait que le Lyonnais, le Périgord, la Touraine, ont été, dès le commencement, cités pour leur piété et leur zèle. Croit-on que les persécutions qui tombaient si souvent sur les chrétiens dussent être quelque chose de bien agréable aux habitants, tant Gaulois que Romains? Croit-on que nos aïeux eussent un fort attachement au gouvernement des césars?

C'est alors que Clovis, fils de roi, envahit le nord-est de la Gaule; bientôt après, il embrasse notre religion; il demande une couronne, précisément dans le moment où tous les habitants de la Gaule éprouvaient le besoin d'un roi. Les Francs connaissaient déjà le système représentatif; ils avaient de grands égards pour les femmes, ce qui convenait beaucoup aux anciens Gaulois. L'armée franque se fondit promptement avec l'ancienne population. Vous voyez donc que c'étaient réellement des hommes envoyés par la Providence pour nous débarrasser de la fange impériale. Il n'est donc pas étonnant que les habitants de la Gaule n'aient pas combattu les Francs; car ils devaient les regarder comme des libérateurs. Voilà donc Clovis reconnu roi, et la royauté devint un *principe constituant*, approuvé, pratiqué par quinze siècles. Les Francs étaient loin d'avoir la civilisation des Gaulois; ils auraient eu souvent recours à leur épée pour juger les différents avec les habitants (car ils employaient ce moyen entre eux). Mais les couvents, qui étaient répandus en grand nombre sur le territoire, servaient d'asile aux malheureux; les religieux s'interposaient, calmaient les uns, consolaient les autres, et les instruisaient tous. Par ses bienfaits, le clergé devint l'objet de la gratitude publique; il fut souvent appelé pour la rédaction des lois et tout ce qui regardait le gouvernement. Voilà donc encore un usage primitif ou principe constituant, en

sorte que la *Constitution* de la France était à cette époque :
1° une *royauté ;* 2° la *représentation nationale par le vote universel ;* 3° le régime municipal; 4° le catholicisme, qui influen-
çait tout et harmonisait tout ; 5° les administrations provinciales, qui revinrent un peu plus tard. Malheureusement les
Francs n'avaient pas abandonné la coutume qu'ils avaient
apportée des forêts de la Germanie, c'était de donner des
royaumes à tous les fils de rois; voilà pourquoi Clovis fit massacrer quelques princes, ses parents, afin de ne pas partager
son royaume avec eux. C'est aussi ce qui fut cause qu'à la
mort de Clovis, son royaume fut partagé entre ses enfants.
Que de maux nous devions éprouver avant d'avoir l'idée de
l'*hérédité* par ordre de *primogéniture.*

Les habitants de la Gaule commirent une grande faute vers
la fin de la première race; elle fut cruellement expiée plus
tard, ce fut de nommer des tuteurs aux rois, sous le nom de
Maires du Palais; ceux-ci se rendirent promptement héréditaires. Une famille se distingua d'une manière particulière,
pour ne pas dire unique dans l'histoire, en produisant successivement, sans interruption, quatre générations de grands
hommes, qui rendirent à la France les plus éminents services.

Pepin-le-Bref usurpa la couronne sur les Mérovingiens; et
son fils devint un de ces monarques que l'histoire cite, avec
orgueil, comme un modèle à imiter. Je ne veux pas m'étendre
davantage sur ce grand homme; je me bornerai à faire observer
que jamais le vote universel, le mode représentatif, ne fut en
vigueur avec plus de franchise, de loyauté, que pendant le règne
de Charlemagne, aussi grand législateur que puissant guerrier.

A la mort de son petit-fils, les gouverneurs des provinces,
les commandants des places fortes, voulurent tirer les conséquences du fait de l'usurpation. Ils dirent donc au faible roi
qui régnait : « Votre bisaïeul n'était que maire du palais, et

» il s'est fait roi ; nous ne vous demandons pas de nous faire
» rois, mais nous voulons que nous, gouverneurs de pro-
» vinces, commandants de places fortes, nous puissions lé-
» guer à notre fils aîné la charge dont nous sommes investis
» et les prérogatives qui y sont attachées. » Ce qui fit que
les duchés, comtés, marquisats, devinrent des propriétés
héréditaires. Mais à peines tous ces ducs, comtes, eurent
réussi, qu'ils voulurent se rendre tout à fait indépendants.
Ils saisirent donc la première occasion de se révolter contre
le roi, de s'allier avec ses ennemis ; puissants dans leur châ-
teaux forts, entourés de troupes dévouées, ils rendirent le
peuple à l'état de serf, le roi ne pouvait plus le protéger, et
la féodalité posa ses griffes de fer sur toute la France. Ajou-
tons que le clergé seul put, de temps en temps, soulager les
malheureux, en répandant la doctrine évangélique. Par ses
prédications, il adoucissait, apprivoisait ces âmes dures, sauvages ; souvent les prêtres obligèrent les grands à faire des
réparations, qui, en humiliant leur orgueil, devenaient en
même temps favorables aux populations.

Enfin arriva l'époque de Hugues—Capet. C'était un des
plus puissants seigneurs de son temps, et beaucoup plus que
le roi lui—même. Le Carlovingien, Louis V, eut à repousser
une invasion étrangère. Hugues voulut le soutenir de tous ses
moyens. Louis V avait un oncle, nommé Charles de Lorraine,
qui devait combattre avec eux. A peine la guerre fut—elle
commencée, que ce traître passa à l'ennemi, et lui fit serment
de fidélité. Louis V meurt quelque temps après, et Charles,
en qualité de son oncle, voulut réclamer la couronne. On lui
répondit, qu'ayant trahi son roi, promis foi et hommage aux
ennemis, il n'était plus Français ; c'est alors que Hugues fut
déclaré roi. Je demande s'il est raisonnable d'appeler Hugues
un usurpateur. Son premier soin fut, dans ses états, de donner le plus de franchises possibles. La royauté s'établit de mâle

en mâle, par ordre de *primogéniture;* tous les descendants d'Hugues-Capet suivirent son exemple, en affranchissant les communes, en rétablissant peu à peu la représentation nationale, qui reprit son cours; et je crois que jamais nation n'a marché d'un pas plus assuré vers le progrès, que ne l'a fait la nation française sous Louis XII.

L'INSTITUTEUR.

Vous venez de nommer Louis XII; mais vous vous êtes bien gardé de parler de Louis XI.

LE MAIRE.

Je n'ai aucune raison pour me taire sur son compte; c'était un bien vilain homme; il ordonnait souvent des assassinats, son père même craignait d'être empoissonné par lui; aussi rien ne manque à l'horreur que doit inspirer un pareil caractère. Cependant c'est un des rois qui a rendu le plus de services à la France, et qui a été le plus utile à ce qu'on nomme aujourd'hui le peuple. Ce qui prouve qu'avec la légitimité, l'homme le plus affreux sur le trône peut faire un grand bien quelquefois, car Louis XI a porté les plus grands coups à la féodalité.

L'INSTITUTEUR.

Vous parlez souvent de légitimité; qu'entendez-vous par ce mot?

LE MAIRE.

Nous entendons par légitimité, l'accomplissement des principes constituants de notre France; à savoir :

1° La royauté héréditaire de mâle en mâle, par droit de primogéniture;

2° La représentation nationale nommée par le vote universel, sincère et libre;

3° Le régime municipal;

4° La liberté religieuse;

5° L'administration des provinces par les élus d'un vote également universel.

Remarquez que dans plus de quarante assemblées nationales ou états-généraux, n'importe le nom, il a été reconnu que le roi légitime se trouve dans la branche aînée seulement, par ordre de primogéniture. Ce mode de succession a été sanctionné, pendant plus de huit siècles, par toute la nation française. On a toujours reconnu la nécessité de ne pas abandonner cette voie, d'où il est résulté que le roi s'est tellement identifié avec nous, que la royauté est devenue la propriété de la France, et même propriété inaliénable autant que son sol. Par royauté (*être moral*), nous entendons l'ensemble des devoirs que le monarque doit remplir, et de tous les droits qu'il peut exercer.

L'INSTITUTEUR.

Je croyais, Monsieur, que le légitimiste ne réclamait la royauté que pour la branche aînée, qu'il n'avait aucun souci des autres principes que vous venez de mentionner tout à l'heure; bien plus, je croyais que plus un roi est absolu, plus il lui convient.

LE MAIRE.

Votre légitimiste serait alors un légitimiste *tronqué;* car le véritable doit vouloir tout ce qui est juste et légitime. Tous les articles de notre Constitution les ont également, et au même titré; on viole aussi bien la légitimité en levant un impôt sans le consentement de la nation, en empêchant une commune, un département de s'administrer, en ne réunissant pas les assemblées nationales, etc.

Je ne comprends pas, d'après tout ce que nous venons de dire, comment on peut vous accuser de regarder le roi comme le maître absolu de la France et de ses habitants, comment nous devrions être considérés comme des esclaves.

LE MAIRE.

Ce sont de vieilles calomnies que l'on fait circuler depuis longtemps et qu'il est facile de réduire au néant; car je vous ai déjà dit que vers l'an 1000, Hugues-Capet avait été élu roi. Quelles étaient les attributions du monarque, ses droits et ses devoirs, c'est ce que nous allons examiner.

Pendant ces huit siècles, il y a eu beaucoup de variations dans les pouvoirs, suivant les temps et les circonstances. Vous sentez bien que lorsque la France était partagée entre un si grand nombre de petits tyrans, c'était un devoir pour le roi de profiter de toutes les occasions, dans le but d'agrandir ses états et d'améliorer le sort des populations. Mais d'après ce qu'ont décidé grand nombre d'états-généraux, on reconnaît que le roi doit être chargé des intérêts constants, permanants de la nation; donc, son devoir était de veiller à la sûreté des frontières, de négocier des alliances, de conclure des traités de bonne intelligence avec les nations étrangères, de repousser toute agression, de maintenir la tranquillité, l'ordre, de faire respecter la propriété, la liberté de chacun dans l'intérieur du royaume. Mais pour qu'il pût accomplir *ses devoirs*, il fallait, de toute nécessité, qu'il eût le *droit* de nommer ses généraux, ses embassadeurs, ses magistrats. Ainsi vous voyez que le roi n'est qu'un fondé de pouvoirs, qu'un représentant héréditaire des intérêts de la société; et faites attention que, dans l'intérêt même du peuple, il faut que la royauté soit héréditaire, pour procurer cet esprit de suite nécessaire à la direction des affaires. L'expérience vous prouve avec quelle réserve les puissances étrangères s'approchent des gouvernements éphémères que nous avons depuis soixante ans. Qui oserait faire un traité sérieux avec un gouvernement qui sera peut-être chargé demain? En outre, croyez-vous que dans un moment de crise, l'élection du chef de l'État soit chose possible. Ce mode a perdu tous les états qui l'ont pratiqué; et si nous ne le répudions promptement, il nous perdra aussi.

Mais il y a déjà longtemps que nous causons; je ne puis rester davantage, et je renvoie à une autre jour la suite de l'explication que j'ai entamée.

DEUXIÈME CONVERSATION

Entre les mêmes Personnages.

LE CURÉ.

Depuis un moment M. le Maire vous attend, mon cher Instituteur, et je vois avec plaisir que le Sacristain vous accompagne. Avant de reprendre notre conversation politique, je vous proposerais d'entrer un instant dans l'église pour prier Dieu en faveur du brave Michel, qui est dangereusement malade. Vous savez qu'il n'a d'autre ressource que la charité de mes paroissiens.

LE MAIRE.

Oh! maudites révolutions! elles sont toujours faites pour le bonheur du peuple; et comme nous sommes de plus en

plus ruinés, il nous devient chaque jour plus difficile d'as-
sister ceux qui souffrent. Néanmoins, je ne veux pas que ce
pauvre Michel manque du nécessaire; et je vais faire dire à
ma femme d'aller le voir, afin qu'elle lui procure ce dont il
a besoin.

LE CURÉ.

J'y ai pourvu pour le premier moment; mais votre offre
sera la bienvenue.

LE MAIRE.

Si la France pouvait jouir de quelque temps de tranquillité,
on parviendrait bien vite à empêcher ces grandes infortunes.
M. Bérard, représentant du peuple, a déjà proposé un moyen
que je ne me permets pas de juger; mais si tout de suite on
faisait entrer dans la caisse communale l'argent provenant
des permis de chasse, on y trouverait une petite ressource.
Cette mesure aurait, en outre, le grand avantage de rendre le
braconnage bien difficile, parce que chaque citoyen serait
intéressé à ce qu'on ne chassât pas sans le permis. Aujour-
d'hui, pour réprimer ce délit, il n'y a que les gendarmes, et
ils ne peuvent se trouver partout.

Allons à l'église, comme l'a proposé M. le Curé, et nous
continuerons notre conversation au retour.

LE MAIRE.

Vous disiez donc, M. l'Instituteur, que d'après les légitimistes, le roi était maître absolu du pays, même des
fortunes de ses sujets; que ceux-ci devaient être considérés
comme des esclaves, etc.

Je sais bien que par la répétition de tous ses mensonges,
on a fini par faire croire, à grand nombre d'ignorants, que
c'était la vérité. Je m'étonne que, connaissant les quelques

articles de notre véritable Constitution, vous n'ayez pas vu le ridicule de ces calomnies; car, avec des chambres nommées par le vote universel, les rois ne pouvaient pas lever un sou d'impôts, sans y avoir été préalablement autorisés. De plus, les assemblées provinciales discutaient, avant de se rendre aux états-généraux, les demandes qu'elles avaient à faire; en sorte que, dans les réunions générales, on était bien fixé sur ce que l'on devait traiter relativement à chaque province. Je vous demande s'il peut y avoir une Constitution plus généreuse, et qui donne plus de garanties à la liberté. C'est nous, au contraire, qui pouvons demander à ces fabricants de Constitutions, quelle est la liberté, le bien quelconque qu'ils nous ont procuré. Ils n'ont rien trouvé, rien inventé de bon; il ne se sont distingués que par les échafauds, les massacres sur une échelle gigantesque. Tout le bien que l'on pouvait faire était indiqué dans les *cahiers* des états-généraux de 89. Le juste, le patriote, le saint Louis XVI désirait ardemment l'accomplir, lorsque les scélérats de 93 l'immolèrent. Quant à moi, je ne crois pas qu'il y ait de plus grand crime, d'abord, que celui de détruire la royauté en France, parce qu'elle est, ainsi que la religion, la propriété la plus utile, la plus précieuse, la plus indispensable à notre patrie.

Ensuite tuer le roi, le chargé d'affaires, le représentant héréditaire, le régulateur de nos plus grands intérêts, est certainement une œuvre infernale. Et pourquoi tout ce bouleversement, s'il vous plaît? Pour s'emparer du pouvoir et de la gestion des affaires. Eh bien! comparons donc la conduite de Louis XVI avec celle des révolutionnaires de toute espèce.

Depuis que Louis XVI était monté sur le trône, il avait établi des alliances sérieuses et utiles à la France; il avait hérité d'une marine nulle, et il en forma une tellement puissante que le pays put soutenir la guerre contre l'Angleterre et procurer l'indépendance de l'Amérique; et nous finîmes par une paix glorieuse. Depuis ce moment, notre marine militaire reçut encore de grands accroissements jusqu'en 91; notre commerce maritime prit une grande extension; nos colonies étaient dans une état florissant; elles étaient non-seulement utiles pour nos exportations matérielles, mais aussi pour placer avantageusement tous ces jeunes gens, ardents et cou-rageux, qui veulent faire fortune. Celui qui possédait un état, une industrie quelconque et une bonne conduite, était cer-tain d'arriver à la fortune, et souvent il faisait un riche ma-riage. Aujourd'hui, toutes les ambitions sont tournées vers le budget; et faites attention que lorsque Louis XVI prit en main les rênes du Gouvernement, les finances étaient ruinées; ce qui montre le grand mérite de ce roi, puisque dans une pareille position, il avait su faire de si grandes choses pour la prospérité et la gloire de la France. Ajoutez à ce que nous venons de dire, que l'armée de terre était aussi dans un état prospère. Voilà donc la situation de la France, lorsque les révolutionnaires se mirent à la tête des affaires sans consulter la nation.

Nous avions des alliances utiles; l'Espagne, la Suède, le Danemarck, l'Autriche, la Hollande nous étaient attachées. Nous étions libres de nos mouvements envers l'Angleterre; nos artistes en révolutions transformèrent toutes ces nations en ennemies; notre puissante et brillante marine, entre leurs mains incapables, est bientôt détruite; nos riches colonies sont ruinées ou perdues; nos finances dévorées, la banqueroute s'ensuit; notre armée est renouvelée plusieurs fois à coup de générations. Attila et ses Huns eussent été moins dévastateurs que nos républicains de 93; les monuments publics ou privés furent dévastés; la moindre statuette sur la porte d'une église les mettait en fureur; les tombeaux furent violés. Non jamais tant d'ineptie et de bêtise ne se sont rencontrées dans une époque de civilisation. Leur brutale stupidité fut telle, qu'on serait tenté de les croire moins scélérats qu'ils ne l'étaient réellement. Quant aux sciences, aux arts, vous sentez le cas que devaient en faire ces sauvages féroces. Nous n'avons pas besoin de savants, disaient-ils, en faisant périr Lavoisier. Enfin, après avoir couvert le France de débris et de sang, ils finirent par s'entre égorger.

Robespierre fit périr Danton; Tallien qui, à Bordeaux, avait été le lieutenant de Robespierre, finit par faire mourir celui-ci. On sait ce que devinrent les Couthon, les Saint-Just, etc. Aujourd'hui il se passe une chose que je ne puis m'expliquer : nos modernes Montagnards, sans façon, font également l'éloge de Danton et de Robespierre; cependant l'un des deux doit être criminel, car Robespierre a eu raison ou a eu tort de faire couper la tête de son ancien associé. S'il a eu raison, Danton est évidemment criminel. S'il a eu tort, c'est Robespierre qui le devient. Mais aujourd'hui aucun parti n'est logique; criez donc : *Vive Robespierre ! Vive Danton !*

Voilà donc le résumé de ce qu'a produit la première et la deuxième usurpations, c'est-à-dire celle de la Constituante et celle de la Convention. La première, en déclarant qu'elle voulait donner une Constitution à la France, tua la royauté, mit le désordre dans les idées; la seconde, tua le roi et détruisit tout ce qui peut être détruit par la main de l'homme.

L'INSTITUTEUR.

D'après ce que j'entends dire tous les jours, je m'attendais que vous feriez au moins l'éloge de l'habilité des républicains de 93 ?

LE MAIRE.

Hier, je vous ai fait voir que si nous avions lutté contre

l'Europe entière, ce n'était pas par l'habileté des républicains, mais que nous le devions à la valeur de nos troupes et à l'esprit de patriotisme qui les animent; que la France, à d'autres époques, avait soutenu avec gloire d'aussi fortes coalitions. Je ne puis donc m'expliquer comment on peut dire aujourd'hui la *grande montagne*, et comment on ose en faire l'éloge; comment on peut admirer l'habileté de gens qui n'ont su que détruire, égorger, ravager et fortifier les Anglais. La postérité pourra-t-elle croire que la France ait courbé la tête sous la hache de ces monstres. La Bretagne seule a osé protester contre cette horrible tyrannie; et on a eu l'impudence d'appeler ses nobles enfants *des brigands*. Cette apparente lâcheté vient de ce que la Constituante avait détruit les administrations provinciales. Il ne restait aucun centre de réunion pour s'opposer à ce hideux despotisme. Vous voyez donc combien tous nos principes constituants se trouvent en harmonie, et combien il est dangereux d'en mettre un seul de côté. Nous aurons occasion de reconnaître cette vérité.

D'après les deux tableaux que j'ai mis sous vos yeux, celui de Louis XVI et celui des Jacobins, vous pouvez jugez quel est le meilleur, quel est celui qui faisait le mieux le bonheur de la France. Pour la dédommager, sans doute, les Constituants firent une *Constitution;* les Jacobins nous donnèrent aussi la leur, bien entendu que ni l'une, ni l'autre ne furent soumises à l'approbation du pays. Enfin, accablée sous le poids de ses crimes, la Terreur tombe, et est remplacée par l'ignoble Directoire, qui nous gratifie à son tour d'une *Constitution*.

L'INSTITUTEUR.

Tout ce que vous venez de raconter, M. le Maire, m'étonne. Je savais bien que beaucoup de crimes avaient été commis; mais je croyais qu'ils étaient rachetés par de grandes actions, et je vois que ce qui a été grand et noble, n'est dû qu'à l'armée. Voudriez-vous avoir la bonté de continuer cette esquisse historique ?

LE MAIRE.

La réflexion que vous faites est exacte, et nous devons d'autant plus de reconnaissance à nos soldats, que nos fameux Montagnards les laissaient sans vivres, sans approvisionnements, souvent sans habits et sans souliers. Tel était encore l'état de l'armée, quand le premier consul s'empara du gouvernement. L'histoire du général Bonaparte est encore tellement présente à tous les esprits, que je n'oserais pas en parler, s'il n'était utile de vous faire observer que son despotisme fut franc ; il ne chercha jamais à le déguiser ; il poussait certainement l'amour de la patrie jusqu'à l'exaltation ; mais il se trompa sur les moyens de rendre la France puissante, prospère et heureuse. Elle ne fut rien de tout cela ; car, si par des batailles gigantesque, des victoires merveilleuses, il nous éblouissait tous, dans le même moment nos côtes étaient insultées par les Anglais, nos caboteurs enlevés jusque sur les rades, dans les ports, nos bâtiments de commerce pris toutes les fois qu'ils sortaient, nos possessions maritimes conquises par les Anglais, toutes nos escadres détruites.

Jamais, à aucune époque de notre histoire, la marine n'a été aussi écrasée ; c'est ce qui faisait dire aux Anglais, que parmi tant de noms glorieux que prenait l'empereur, il négligeait celui qu'il méritait à plus de titres, c'est-à-dire celui de *grand constructeur* de la Grande-Bretagne. Que de malheurs, que de souffrances provenant de cet état de chose ! Le commerce maritime nul, les propriétaires vinicoles ne pouvant se défaire à aucun prix de leurs récoltes, une misère épouvantable, la ruine de beaucoup d'individus. Ajoutez à cela cent mille Français entassés pendant des dix et quinze ans dans les prisons et sur les pontons d'Angleterre, éprouvant toutes sortes de vexations et de mauvais traitements, et souvent la faim. Pour bien des hommes, la plus grande souffrance venait de l'entassement; ainsi, dans les casemates du château d'Édimbourg, on voyait jusqu'à cinq hamacs tendus au-dessus les uns des autres et dans le sens des rangées; tous se touchaient, en sorte que chaque homme n'avait que dix-huit pouces anglais pour largeur de son lit, et ne pouvait se remuer sans remuer ses voisins de droite et de gauche. Que de jeunes gens morts de misère! Enfin, Napoléon tombe; bien entendu que lui aussi nous avait donné une *Constitution* en prenant le pouvoir.

Pour offrir un bouquet à Louis XVIII, le sénat s'empressa lui aussi de faire sa Constitution. Celui-là n'en voulut pas, et il eut raison. S'il eut eu le bon esprit de dire aux sénateurs et à tous ceux qui l'entouraient : « Ni vous, ni moi, n'avons le droit de faire une *Constitution;* la France en possède une depuis des siècles. Votre devoir et le mien sont de la suivre. » S'il eut tenu ce langage, tout était sauvé; mais il abandonna le magnifique rôle de roi national pour se faire roi constituant. Il voulut aussi donner sa Charte. Vous devinez que par là il prononçait sa déchéance. La chute était d'autant plus certaine, que plusieurs articles de sa Charte étaient entièrement opposés à notre véritable Constitution. Tel est celui du cens pour le vote et l'éligibilité. En France, on a souvent essayé de faire du monopole et du privilége, et toujours ils ont promptement disparu.

Il se forma, de bonne heure, un parti puissant dans les Chambres, composé d'hommes habiles, qui avaient l'habitude des affaires. Ils connurent bien vite le côté faible de la Charte; souvent ils se retranchaient dans les principes de notre véritable Constitution, ce qui leur donnait une force immense et

les fit appeler du nom de Libéraux. Ils protestaient continuellement de leur attachement à la Charte et au roi ; mais en
même temps, ils étaient les défenseurs assurés et dévoués de
toutes les émeutes, de toutes les conspirations.

Malgré leur mauvais vouloir, malgré tous les embarras qu'é-
prouvait la royauté, elle a fait un bien immense à la France.
En voici un tableau bien abrégé, sans doute, mais qu'il faut
mettre sons vos yeux :

La France venait de subir deux invasions ; à coup-sûr ce
n'est pas Louis XVIII qui les avaient attirées. Il avait fallu
payer un milliard d'indemnités aux ennemis. Le sud et l'ouest
de la France étaient ruinés ; cependant, en peu d'années, le
commerce reprend une grande extension, les impôts dimi-
nuent rapidement ; le dernier budget de la Restauration n'at-
teignait pas un milliard. Nous avions hardiment repris notre
position en Europe ; notre voix était écoutée des cabinets
étrangers ; nous avions coopéré à rendre la Grèce indépen-
dante, fait la campagne d'Espagne, pris l'Algérie en dépit des
Anglais. Aujourd'hui, tant de bienfaits sont oubliés et nous
paraissent un rêve, tant nous sommes déchus de cette brillante
position.

L'INSTITUTEUR.

Convenez, M. le Maire, que la Restauration a fait bien des
fautes. D'abord cette censure qui revenait à chaque instant,
ce qui faisait croire que la liberté ne pouvait vivre avec la
Restauration ; le goût prononcé de celle-ci pour des gens an-
tipathiques à la grande majorité des Français, sa maladresse
pour le choix des personnes qu'elle favorisait le plus. Bien
souvent on mettait de côté un officier dévoué et probe, pour
avancer un intrigant, un ignorant. Les lois sur l'avancement
étaient ouvertement violées ; et toutes ces *sottises* sont cou-
ronnées par les fameuses Ordonnances.

LE MAIRE.

Ce que vous dites est très-vrai. Cela prouve encore une fois de plus combien la royauté légitime est excellente, puisque malgré tant de *sottises,* elle a pu faire de si grandes choses, et tant de bien en si peu de temps, quoiqu'entourée d'obstacles. Au reste, toutes ces fautes étaient filles, *nécessitées* de la première, la fameuse Charte *octroyée.* Il n'est pas dans ma manière de voir de déguiser mon opinion ; je dirai donc que ce nom de *Charte octroyée,* accompagné du préambule de M. d'Ambray, avait quelque chose de choquant. Beaucoup de gens le trouvaient, et les ennemis de la royauté ne manquaient pas de dire : « Puisque Louis XVIII a *octroyé* sa Charte, lui ou ses successeurs pourront nous la retirer ; alors nous voilà en face du despotisme ; il faut donc, autant que possible, diminuer les forces de la royauté, pour éviter de nous trouver dans l'obligation de la combattre. » On applaudissait de pareils discours, sans se douter des suites qu'ils pouvaient avoir.

Si la Constitution d'un peuple, au lieu d'être donnée par le roi, est faite par une Chambre constituante, on peut affirmer qu'il viendra un moment, où le peuple ou bien le pouvoir exécutif, peut-être l'un et l'autre à la fois, ne pourront suivre un des articles de cette Constitution, et s'en croiront dégagés. La voilà donc mise au rebut. C'est le temps, ce sont les mœurs, les besoins, la position, la forme de son territoire qui forment la Constitution d'un pays ; ce qui prouve combien sont impuissantes, et même dangereuses, toutes celles de fabrique humaine. Toujours elles portent dans leurs entrailles le germe d'une mort prochaine.

L'INSTITUTEUR.

Cependant, Monsieur, il y a bien longtemps que les An—

glais jouissent d'une Constitution octroyée, dans le troisième siècle, par Jean-sans-Terre, et ils s'en trouvent fort bien.

LE MAIRE.

Faites attention que cette grande Charte des Anglais n'est composée que d'un petit nombre d'articles ; rien de nouveau n'y est énoncé, c'est seulement la reconnaissance ou le rappel de droits antérieurs ou principes constituants de l'Angleterre. Voilà pourquoi elle est si forte. C'est ainsi qu'aurait dû agir notre première Constituante; c'est également ce qu'auraient dû faire toutes celles que nous avons eues depuis ; toutes, pour remplir leur devoir, devaient proclamer notre ancienne Constitution, sans chercher à faire du nouveau. Aussi, quand j'entends parler, soit d'une assemblée, soit d'un roi constituant, il me semble voir une troupe de fous se gorgeant d'eau dans le but de dessécher un fleuve.

Vous m'avez cité les fameuses Ordonnances de Juillet ; eh bien ! dans l'esprit de la *Charte*, et d'après un de ses articles, elles étaient légales. Aujourd'hui les ennemis de la branche aînée en conviennent. Quant à nous, partisans, non-seulement de la légitimité royale, mais de toutes les autres, nous pouvons avouer qu'elles étaient tout à fait en opposition avec notre véritable *Constitution;* que, dès lors, elles devaient avoir forcément le sort qu'elles ont éprouvé. Ainsi, toutes les fois qu'on fera une loi, décret ou ordonnance contre un de principes de notre ancienne loi fondamentale, vous pouvez hardiment prédire l'arrivée prochaine de la catastrophe que l'on veut éviter, peut-être même des malheurs encore plus grands, quelles que soient les personnes qui tiennent le pouvoir.

L'INSTITUTEUR.

Tout ce que vous avancez m'étonne de plus en plus. D'un

côté, vous paraissez défendre avec zèle tous les droits de la nation, sa liberté; et de l'autre, vous assujettisez tous les Français à subir le joug de la branche aînée; cela paraît tellement contradictoire, que l'on vous accuse de ne parler ainsi des droits nationaux que pour les escamoter au profit de votre idole.

LE MAIRE.

D'après ce que nous avons dit précédemment, je ne m'attendais pas à cette attaque; il ne m'est cependant pas difficile de vous répondre. Je vous ai fait voir que les Carloyingiens, en se faisant usurpateurs, nous avaient amené la féodalité; que la destruction des assemblées provinciales nous avait conduits à la Terreur; ajoutez que Louis XIV, en n'assemblant pas les états-généraux, fut cause de cette honteuse et ignomineuse époque du régent et de Louis XV; l'élection de la commune était l'élément du vote universel et le soutien de nos principes constituants; par conséquent, vous devez être assuré que l'on ne peut mettre de côté un seul de ces principes, sans bouleverser la société; et si vous y réfléchissez sérieusement, vous verrez qu'ils ne peuvent subsister qu'avec un roi légitime; car supposons, pour un instant, qu'une assemblée ou un homme s'empare de la gestion de nos affaires, il est obligé forcément d'augmenter les impôts, afin de se créer des partisans et se faire des défenseurs pour le soutenir à l'occasion. Il est donc forcé, ou de n'avoir pas de chambres, ou de n'avoir que des chambres vendues. D'un autre côté, les provinces auront beau réclamer la décentralisation administrative, cela ne pourra convenir; car ce serait un moyen d'empêcher la recrudescence des impôts. Il en est de même pour les communes; elles fortifieraient l'action des assemblées provinciales. D'après toutes ces raisons, vous devez juger que la royauté légitime seule peut donner la vie à tous

3

les principes constituants de notre France , tous également
droits nationaux ; et ces principes s'accommodent tellement
avec la légitimité de la couronne , qu'ils ne peuvent exister
longtemps les uns sans les autres. Comment donc supposer
que je veuille les escamoter au profit de mon idole. Actuellement, qu'il y ait quelques fous, quelques ambitieux d'une
opinion contraire , cela me paraît tout naturel.

L'INSTITUTEUR.

Tout ceci me paraît assez raisonnable, et je crois que vous
êtes de bonne foi ; mais répondriez-vous de tous ceux qui
tiennent le même langage ?

LE MAIRE.

Je n'ai besoin de répondre de personne ; mettez en action franchement , loyalement, les quelques principes de notre
société, et vous verrez bien vite disparaître toutes cos cote-
ries, par intérêt, si ce n'est par patriotisme.

L'INSTITUTEUR.

De même que l'usurpation des Carlovingiens nous condui-
sit à la féodalité , vous allez sans doute dire que celle des
d'Orléans nous a été bien funeste ; comment allez-vous la
juger ?

LE MAIRE.

Vous avez déjà vu qu'un parti puissant s'était formé dans
les chambres contre la royauté légitime ; à la vue des fatales
Ordonnances, un soulèvement terrible eut lieu à Paris. Les
personnes raisonnables (et on peut dire à la louange de
Charles X qu'il était du nombre) voulaient que le vieux roi
abdiquât, ainsi que le dauphin, pour mettre la couronne sur
la tête du jeune duc de Bordeaux. Ce projet était trop sage

pour être écouté. Il n'aurait pas fait les affaires d'un grand nombre d'ambitieux cupides, qui attendaient avec impatience qu'on leur jetât la curée. Les républicains, les libéraux, les napoléonistes, tous avaient combattu le roi avec un merveilleux ensemble ; et lorsqu'il fallut partager les dépouilles, il y eut des discussions ; mais les philippistes furent les plus adroits, et ils nommèrent Louis-Philippe pour leur roi, toujours au nom de la souveraineté du peuple, que l'on ne se donna pas même la peine de consulter. On se hâta de faire quelques changements à la Charte de Louis XVIII, et l'on se promit d'atteindre avec elle une longue vie. Mais en naissant, de même que ses aînées, elle était condamnée à mourir à la fleur de son âge, pour entraîner tous ses partisans dans sa chute.

C'était, je vous assure, un curieux spectacle, de voir arriver à Paris, chaque matin, les diligences, malles-postes, voitures, etc., chargés d'amateurs, qui venaient réclamer leur part du gâteau royal. Tout le monde, dans ses jours heureux, pensait à merveille.

Tout de suite les impôts de 900 quelques millions montent (si j'ai bonne mémoire) à plus de 1,700 millions ; des forêts furent vendues ainsi que le sol. Les députés qui, sans mandat, avaient fabriqué un nouveau roi, eurent une grosse part de l'embonpoint du budget. De bonnes places, bien rétribuées, leur furent données ; de nouvelles furent créées pour satisfaire les appétits des nouveaux *budgétivores*. Depuis cette époque, les impôts ont toujours dépassé 1,500 millions ; et malgré cette accroissement, la dette publique a augmenté d'une manière considérable. Tout cela a été fait par des hommes qui criaient continuellement qu'ils voulaient un gouvernement à bon marché et une politique glorieuse.

Politique glorieuse ! à quelle époque, je vous prie, a-t-elle été plus humiliée. Veut-elle protéger Méhémet-Ali ? Vite il faut rappeler à Toulon l'escadre qui portait ombrage à *nos alliés*. Il faut, en pleine chambre, voter la fameuse indemnité Pritchard. Il faut laisser massacrer les infortunés Maronites, sans oser élever la voix en leur faveur. Mais la plus grande honte qu'ait éprouvée ce pitoyable gouvernement, c'est à son début.

Nos révolutionnaires, craignant que l'empereur Nicolas se fâchât de leurs fredaines, firent révolter les Polonais, qui se battirent avec un courage héroïque ; et par leur résistance, arrêtèrent les troupes russes. Vint ensuite la politique, qui les désavoua ; au besoin, elle les aurait fait fusiller. Quel rôle ! Sacrifier une noble nation, une ancienne alliée, pour garder un pouvoir usurpé. L'un va bien avec l'autre ; c'est toujours *trahison*. Ajoutez à cet aperçu les vols scandaleux, les crimes commis par les gens du plus haut parage, et dites-moi si un pareil état de choses pouvait avoir de la durée ?

Cependant Louis-Philippe a donné des preuves d'un grand courage et d'une admirable habileté ; ses ministres étaient des hommes de talent, et auraient sans doute voulu faire mieux ; c'est donc leur position qui était vicieuse. Oui, c'est là ce qui dominait fatalement leurs actions ; il était impossible qu'ils fissent le bien. Nous devons aussi remarquer la facilité avec laquelle on gaspillait le trésor, dans un but tout personnel. Les fortifications de Paris ont coûté des sommes immenses. Elles étaient destinées à garder Louis-Philippe, et la Providence a voulu qu'elle lui devinssent funestes. O homme ! quelle est ta science !

L'INSTITUTEUR.

Quel tableau vous venez de faire ; je n'aurais pu le croire si hideux, bien que vous n'ayez dit que la vérité.

LE MAIRE.

Je n'ai pas encore fini. Une autre plaie, bien terrible, dont nous a gratifiée l'usurpation de 1830, est cette immense armée d'employés de tous genres, encore plus nuisibles que dispendieux. La Restauration en réduisait chaque jour le nombre, Juillet à fait quarante mille places pour eux, et chaque jour il en fallait de nouvelles. Quel exemple pour les populations, d'avoir sous les yeux une foule d'hommes sans aucune utilité réelle, et qu'il faut payer. Étonnez-vous donc maintenant que le moindre charbonnier veuille être au moins sous-préfet.

Le cens exigé par la Charte de Louis XVIII et par la Constitution des 221, a été lui aussi une source féconde d'immoralité et d'injustice.

On voulait être électeur; il fallait posséder assez pour le devenir; on savait que l'on n'obtenait rien, si l'on ne pouvait donner sa voix aux partisans de l'autorité; mais si l'on était dans l'heureuse catégorie, et surtout si l'on pouvait disposer de la voix de quelques amis, on était en droit de tout espérer.

On a eu raison de comparer ce nombre prodigieux de salariés aux fameux ateliers nationaux, inventés par le Gouvernement Provisoire. Consultez les habitants d'un de nos grands ports, ils ne balanceront pas à dire que les ateliers nationaux étaient encore moins nuisibles que cette nuée d'employés, par la raison qu'il est impossible de donner à chacun d'eux d'assez forts appointements pour les contenter; alors l'arsenal devient la source où il faut puiser. Si jamais on fait une enquête sérieuse sur la marine, vous jugerez de la vérité de ce que j'avance.

Est-il nécessaire de faire remarquer que sous la Restauration on s'occupait de relever la marine. L'usurpation ne pouvait suivre la même ligne, nos ports manquent d'approvisionnements; il faut tant d'argent pour ses amis! D'ailleurs qu'a-t-on besoin de vaisseaux quand on a l'*entente cordiale*; s'est-on jamais mieux moqué de la France?

Cependant on trouve encore aujourd'hui des gens qui font l'éloge du gouvernement de Juillet ; comment peuvent-ils dire que pendant dix-huit années il a répandu sur le pays, gloire, prospérité et honneur.

L'INSTITUTEUR.

Je vous ai entendu dire quelquefois, M. le Maire, que les philippistes devaient forcément nous conduire à la République démocratique, et peut-être même jusqu'au communisme. Je ne puis concevoir cela ; car ils ne sont certainement pas plus partisans de l'un que de l'autre.

LE MAIRE.

Avant de vous répondre, je veux vous faire une question ? Seriez-vous en droit d'exiger de vos élèves, respect, silence, application au travail, enfin accomplissement consciencieux de leurs devoirs, si vous même manquiez à ceux que vous impose votre charge ?

Et M. le Curé serait-il bien écouté, si tout en prêchant les vertus chrétiennes, il ne les pratiquait pas lui-même ? Peut-on exiger des autres ce que l'on ne fait pas soi-même ; et a-t-on le droit de blâmer ceux qui suivent nos exemples ?

L'INSTITUTEUR.

Ce que vous dites est parfaitement juste.

LE MAIRE.

Faites attention que, pendant quinze ans, les philippistes ont fait une guerre systématique à la Restauration. En Juillet, ils combattent contre l'ordre établi ; à peine vainqueurs, ils érigent une colonne en mémoire de leur victoire, fondent un ordre de chevalerie en faveur de l'insurrection, paient des pensions à leurs héros ; et aujourd'hui ils disent à leurs élèves, à ceux qui marchaient sur leurs traces : « Plus d'insurrection, plus d'émeutes; vous compromettez la société. »

L'INSTITUTEUR.

Vous les regardez donc comme incapables de fonder l'ordre.

LE MAIRE.

Aussi longtemps qu'ils glorifieront leur Révolution de Juillet; aussi longtemps qu'ils ne condamneront pas leur propre insurrection, il leur est impossible de donner de la durée à l'ordre; car pour inspirer de la confiance, comme pour fonder un gouvernement, il faut que les maximes mises en circulation soient d'accord avec la conduite de ceux qui les promulguent. Autrement c'est la maxime qui détruit l'effet de la conduite, ou c'est la conduite qui détruit l'effet de la maxime; toujours contradiction, destruction, et par conséquent misère, souffrances, inquiétudes et malheurs. Faites bien attention que les philippistes, en escamotant à leur profit *la royauté légitime, propriété nationale*, ont dit par là aux républicains : A votre tour, *emparez-vous de notre royauté de fabrique;* et les communistes, ayant sous les yeux le double exemple des philippistes et des républicains, se croient nécessairement en droit de prendre *la propriété* des particuliers.

LE CURÉ.

Comment se fait-il, M. le Maire, qu'ayant mis le catholicisme au nombre des principes constituants, vous n'ayez rien dit des atteintes qu'on lui a portées.

LE MAIRE.

En voici la raison : L'histoire nous montre que depuis dix-huit siècles on n'a jamais attaqué la liberté, l'indépendance d'un peuple, sans frapper à grands coups sur la religion. C'est elle ordinairement qui reçoit les premières blessures. Le principe catholique à une telle vitalité, qu'il faut l'anéantir pour détruire une nationalité ou pour s'emparer des droit d'un peuple ; de là ces persécutions, que l'on regarde comme religieuses, et qui ne sont tout simplement que l'effet de la politique. Il était donc inutile que je fisse voir qu'on devait attaquer la religion toutes les fois qu'on voulait opprimer une nation. Je suis obligé de vous quitter pour une affaire, et serai demain tout à vous.

TROISIÈME CONVERSATION

Entre les mêmes Personnes.

LE SACRISTAIN.

Quoique je ne sois qu'un ignorant, cependant je trouve que M. le Maire explique si bien les choses, que je n'ai pas voulu manquer au rendez-vous.

L'INSTITUTEUR.

J'ai raconté à M. Lalosse tout ce que M. le Maire nous a dit sur *nos devoirs, nos droits ;* il m'a fait des objections qui m'embarrassent beaucoup et que je vais vous soumettre.

Ainsi, M. le Curé, vous avez défini le *devoir* comme une obligation d'obéir à la loi divine et aux lois humaines qui ne sont pas en contradiction avec cette loi. A quelles marques reconnaître la loi divine? Les Chinois vous diront, les Kings; l'Indien, Boudhisme, Vedas; le Perse, Zend-Avesta; le Musulman, Coran; le Juif, Bible; le Chrétien, Évangile: laquelle choisir?

LE CURÉ.

Je ne veux pas entrer, à ce sujet, dans une discussion scientifique; je veux me renfermer dans quelques observations que tout homme peut apprécier.

Vous conviendrez avec moi que la bonté ou le vice d'une doctrine, connue et pratiquée par ses sectateurs, doit nécessairement avoir une grande influence sur leur conduite. Examinons donc celle des peuples que vous venez de citer.

Aujourd'hui, les Chinois sont assujettis à un panthéisme matérialiste, auquel ils joignent un très-ancien principe, qui est un grand respect des enfants pour les parents. Voyons ce qu'ils sont devenus sous le règne du matérialisme.

Tous ceux qui ont eu des relations avec les Chinois savent que ce sont les hommes les plus menteurs de la terre, fripons de la plus grande force, sensuels à l'excès, débauchés, fourbes, féroces dans les punitions; à la guerre, cruels envers leurs prisonniers; en général, d'une ignorance extrême; chez eux, ils jettent dans les fleuves ou dans les rues les enfants qui les incommodent, et que le tombereau emporte avec les immondices dans les fosses à fumier.

Ajoutez à ce tableau une lâcheté telle, que je ne crains pas d'avancer qu'un corps d'armée de douze mille hommes irait de Canton à la Grande-Muraille sans rencontrer de résistance sérieuse. Je vois à votre physionomie que ce que je dis vous surprend, la population du Céleste-Empire étant de plus de cent millions d'âmes. Mais les Anglais vous montreront bientôt la vérité de ce que j'avance; et grâce à nos révolutionnaires de toutes les couleurs, la France tombera de plus en plus dans la misère, tandis que l'Angleterre acquerra de la gloire et d'immenses richesses. Et si l'on fait attention à la nullité où nous a réduits l'anéantissement de notre marine, on est tenté de croire que nos fabricants d'insurrections et de révolutions sont payés par l'Angleterre. Toujours est-il que c'est pour elle seule qu'ils travaillent. Mais revenons à nos Chinois.

Vous connaissez le despotisme de l'empereur, ce fils du ciel, celui des mandarins; vous connaissez la bassesse et l'orgueil de tous; actuellement dites-moi ce qu'est la doctrine qui fait de pareils hommes? La croyez-vous divine?

Passons aux Indiens.

Ceux-ci sont tout aussi ignorants et plus avilis que les Chinois. Renfermés, avec leur progéniture, dans une caste, ils n'en sortent que pour aller au tombeau. Vous pouvez juger de ce qu'ils sont par ce seul fait : Une poignée d'Anglais maîtrisent et commandent cet immense pays, peuplé de plus de quatre-vingts millions d'âmes; donc, vive Bondha, vive Brahma.

Le Coran, suivi par les Arabes, par une grande, partie de l'Afrique, de la Perse, est extrait, en grande partie, de la Bible. Il contient donc des vérités. Aussi voyons-nous que les Musulmans ont une grande supériorité sur les Indiens et les Chinois; ils respectent le pauvre, du moins en théorie; ils se font quelquefois un devoir de le secourir; mais la polygamie est permise, d'où vient l'esclavage de la femme. Lisez le Coran, vous verrez que Mahomet ordonne toujours l'extermination de ses adversaires; voilà, en y ajoutant le pillage, les moyens de propager l'islamisme. Est-ce encore divin !

Les Juifs. Nous connaissons toutes leurs lois religieuses

et civiles; les premières font partie de notre religion; regardez un peuple qui la pratique, et dites-moi s'il n'a pas une immense supériorité sur les peuples que nous venons de passer en revue. Donc, j'ai eu raison de définir le *devoir* comme l'obligation d'obéir à la loi divine et aux lois humaines qui ne la contrarient pas.

Vous remarquez, sans doute, que, par l'effet de cette admirable harmonie qui préside à tous les ouvrages de Dieu, il se trouve que le *devoir* pour lequel nous avons tant de répugnance quelquefois, est cependant calculé de manière que, même sur cette terre de douleur, il est la source de notre prospérité. Une nation qui connaîtra bien ses véritables intérêts, jugera promptement que toute loi humaine, qui viole la loi divine, est un attentat porté à sa dignité et à son indépendance. Elle la repoussera donc bien vite. Passez en revue quelques-unes de celles que nous avons depuis que nous sommes au monde, et vous verrez que les plus tyranniques ont toujours commencé par frapper sur la religion.

J'espère maintenant que votre choix est fait.

L'INSTITUTEUR.

Oui, M. le Curé; mais je veux demander à M. le Maire comment il se fait qu'il réclame la liberté de religion pour tous; cela me paraît contradictoire avec ce que vous venez de dire.

LE MAIRE.

Je vous ai dit que le catholicisme était un de nos principes constituants, parce que c'est un fait que l'histoire montre à chaque page. Je ne pouvais pas parler de l'arianisme, qui avait été tué dans notre pays; du protestantisme, qui n'était pas encore né. Aujourd'hui nous devons réclamer la liberté pour toutes les religions, parce que le catholicisme, dans ce cas, n'a rien à craindre. Ce qui doit exciter notre défiance, c'est ce langage hypocrite, qui promet cette liberté et qui donne en même temps des entraves plus ou moins blessantes.

L'INSTITUTEUR.

Dans ce cas, vous devez être content de la République, Messieurs; car elle travaille bien plus en faveur de la religion que ne l'ont fait les gouvernements précédente.

LE MAIRE.

Puisque le mot de République signifie la chose qui appartient à tous, et non à quelques-uns, ce qui n'implique aucune forme particulière de gouvernement, et que sous Louis XI même, et dans d'autres états-généraux, on savait très-bien dire : Le roi est le chargé des affaires de la République, je ne vois pas comment je pourrais en être ennemi. Mais ce que je blâme, c'est la manière dont on a encore joué la France.

Dans une de ces harangues, M. de Lamartine manifesta son opinion, en faisant voir qu'il fallait consulter la nation pour connaître sa volonté sur la forme de gouvernement qu'elle voulait. Certainement c'était logique et loyal, et c'est ce qu'on aurait dû faire ; mais ce procédé ne pouvait convenir à des gens qui désiraient profiter d'une nouvelle usurpation; et encore une fois, nous avons vu les compagnons et les disciples de Juillet proclamer la souveraineté du peuple, en agissant sans le consulter. Encore une fois, on s'empare de la gestion de ses affaires sans son consentement. Encore une fois, une nouvelle Constitution lui est imposée, sans la soumettre à son approbation. Tous ces faits forment bien, je pense, une véritable usurpation, et montrent comme on se moque du peuple souverain. Cette conduite fait aussi connaître les vues des hommes qui l'ont tenue; chacun peut les juger d'avance. Ce qui est encore blâmable, c'est ce nom de *Démocratique*, qu'on a ajouté à celui de République, parce qu'il implique une impossibilité ou un mensonge, ainsi que nous l'avons prouvé ; ce qui nous mènera à de nouveaux troubles, à un despotisme épouvantable ou à une anarchie qui sera pire.

L'INSTITUTEUR.

D'après tout ce que vous dites, il paraît, M. le Maire, que vous êtes convaincu que la France est dans une passe épouvantable.

LE MAIRE.

Certainement, notre position est très-critique. M. de Larochejacquelin, dans sa proposition d'en appeler au peuple, pour savoir quelle forme de gouvernement veulent les Français, me semble avoir pris une voie qui pourrait conduire au salut.

L'INSTITUTEUR.

Les philippistes, les rouges, les socialistes, ne sont pas les seuls qui se soient opposés à la proposition de l'honorable représentant du Morbihan ; les légitimistes ont fait de même.

LE MAIRE.

Je ne sais comment m'expliquer leur conduite. Elle est en opposition avec celle qu'ils ont tenue depuis plus de vingt ans. Ils auraient du continuer à révendiquer sans cesse nos droits nationaux, ce qui aurait été une utile instruction pour tout le monde, et leur aurait fait beaucoup de partisans. Dès 1815, M. de Vilèle et plusieurs autres légitimistes, proposèrent de réviser la Charte de Louis XVIII, pour rétablir le vote universel franchement. Celui que Février nous a donné sous le nom de *direct* est le plus indirect de tous. C'est une mauvaise loterie à laquelle tout le monde perd. La nouvelle loi électorale n'est pas meilleure que la précédente; et elle a l'inconvénient de faire croire que les légitimistes sont d'accord avec les orléanistes pour détruire le vote universel et rétablir [le monopole, ce qui amènerait de nouveaux malheurs. Cependant, si au moyen de cette loi on parvient à éloigner des élections les voleurs et les émeutiers, ce sera justice; parce que les hommes qui ont agi contre le *devoir*, doivent perdre leurs droits. Ce n'est que comme acte de justice qu'elle peut faire quelque bien, et non en favorisant les orléanistes dans les élections, ou tout autre parti.

LE CURÉ.

Il est certain que le parti d'Orléans occupe toutes les positions, et veut que ses hommes remplissent la chambre et soient la tête des affaires.

LE MAIRE.

Supposez-le encore plus nombreux qu'il ne l'est réellement, il n'en sera pas plus fort pour cela, parce qu'il est impossible qu'il agisse et parle sans être en contradiction avec lui-même. On a eu l'air de craindre que si la proposition de M. de Larochejaquelin eut été acceptée, on n'aurait pas manqué de faire la question : Laquelle (monarchie)? Je vais vous montrer que cette objection ne peut être sérieuse. Supposons donc que l'on pose la question ; faites le tableau synoptique suivant :

LAQUELLE (MONARCHIE)?

Le Philippiste.

Les d'Orléans de mâle en mâle,
par ordre de primogéniture.

Légitimiste. — Vous pensez donc que l'hérédité est utile?
Philippiste. — Très-certainement   OUI, indispensable.
Légitimiste. — Et vous dites   NON , en répudiant
le duc de Bordeaux : *oui* et *non* sur le même sujet, contradiction dans les termes : *Absurdité*.

P. « Nos aïeux n'avaient pas
» le droit de nous lier à toujours
» à la branche aînée. »

L. « Et vous avez la prétention
» de lier pour toujours nos des-
» cendants. *Nouvelle absurdité.*»

P. « Économie, gloire, ordre,
» telle est notre devise.

L. « Mensonge ; nous l'avons
» prouvé. »

P. « La Révolution de Février
» est odieuse. »

L. « Celle de Juillet 1830 a été
» avantageuse? *Mensonge.* »

Continuez ce tableau à volonté, la matière ne vous man-
quera pas. — Un pareil parti , comme vous voyez, ne peut
avoir de force, fût-il encore plus nombreux.

Substituons tout autre nom à celui d'Orléans, vous aurez
même résultat.

L'INSTITUTEUR.

D'après tout ce que vous dites, M. le Maire, un changement de dynastie serait presque impossible; et cependant l'histoire nous montre plusieurs fois ce fait.

LE MAIRE.

L'homme, par son libre arbitre, peut se nuire et même se suicider; un peuple, qui n'est que la réunion de plusieurs individus, a aussi le même pouvoir. Il le prouve par des insurrections; mais montrez-moi une de ses révolutions qui n'ait été expiée par de grands malheurs ou par la perte de la nationalité. Voulez-vous courir cette chance? Telle est la question.

LE CURÉ.

Une des causes qui a le plus contribué à tous nos malheurs, est la profonde ignorance dans laquelle on laisse les jeunes gens. Prenez les premiers collégiens venus, ils vous diront fort bien que Lucullus servait des grives même dans l'été; qu'Alcibiade coupa la queue de son chien, et autres choses qui nous intéressent au même point. Mais demandez-leur s'ils connaissent les grands services rendus à la France par l'illustre race des Capétiens, ils vous prendront pour un radoteur? Qui leur a parlé des garanties d'ordre et de liberté que nous donnaient nos institutions provinciales et communales? Connaissent-ils mieux les immenses bienfaits répandus sur la société par la divine religion du Christ? Ils ne s'en doutent pas. Comment peut-on aimer ce que l'on ne connaît pas; comment le soutenir, le défendre quand on l'attaque; bien plus, vous trouverez beaucoup de gens qui, avec la meilleure foi du monde, se figurent qu'ils rendraient un grand service à l'humanité en étranglant le *dernier des rois avec les boyaux du dernier des prêtres*, ainsi que l'a formulé un grand philosophe.

LE MAIRE.

Frappé de la vérité de ce que vous dites, un des mes amis, M. Saint-Dizier, publie dans ce moment une introduction à l'histoire du moyen-âge, sous le titre de *La fin du vieux Monde et le commencement du Monde nouveau.* Le but de ce volume est de développer la vérité de ces deux mots sauveurs : *Religion* et *Nationalité.*

L'INSTITUTEUR.

Vous avez montré que les révolutionnaires avaient attiré bien des maux sur la France ; qu'en ruinant la marine, ils l'avaient mise sous les pieds des Anglais ; mais que direz-vous, je vous prie, des communistes et des socialistes ?

LE MAIRE.

Pour les juger, il faut voir leurs œuvres dans tous les pays où ils se sont établis.

L'INSTITUTEUR.

Est-ce que le communisme et le socialisme ne sont pas d'invention nouvelle ?

LE MAIRE.

Je n'entreprendrai pas de vous donner le nom de tous les philosophes qui se sont amusés à nous léguer leurs rêves. Il vaut mieux que je vous cite une phrase de l'illustre Châtaubriand, qui s'adresse à ceux de nos jours :

« En général, leurs livres sont mal écrits ; ce qu'ils nous » proposent n'a même pas le mérite de la nouveauté ; ce sont » de vieilles loques appendues dans la boutique des philo- » sophes depuis plus de vingt siècles. »

LE CURÉ.

Vous auriez pu ajouter, M. le Maire, que la guerre des

Vaudois et des Albigeois n'était autre chose que la légitime défense de la société contre les communistes et les socialistes dans cette époque ; ce qui prouve que ces théories ne sont pas seulement ridicules, elles sont aussi presque toujours dangereuses et même funestes.

LE MAIRE.

C'est une vérité, et on en montre facilement l'évidence, en faisant voir à quel état de misère sont réduits les pays où règne le communisme. ·

Dans le grand Océan, il y a une petite île, appelée Tonga, le communisme y est pratiqué dans toute sa sincérité ; là, dans une pirogue, quelques malheureux cherchent à saisir un poisson ; mais la pêche, comme la chasse, est souvent improductive. Alors il faut recourir à la côte, et l'on n'y trouve pas un seul coquillage. On pénètre dans l'intérieur pour découvrir quelques fruits ; comme ces sauvages ont l'odorat extrêmement délicat, ils sentent qu'un igname est sous la braise ; ils y courent, et trouvent une troupe de naturels, tous très-affamés, qui attendent avec impatience le moment de dévorer cette racine ; en sorte que souvent celui qui l'a cueillie, mise au feu, est bien heureux s'il en a seulement une parcelle.

Si un insulaire se fait une cabane en bambou, elle n'est pas plutôt couverte, que bien vite une foule d'amis s'en emparent pour s'y coucher. Demandez à quelques naturels pourquoi ils ne cultivent pas des plantes nutritives ; ils vous répondront : Pourquoi le ferions-nous, nous n'en profiterions pas. Elles seraient arrachées avant leur maturité. Abolissez donc la propriété, et vous verrez le bonheur qui vous en reviendra.

Je m'étonne que le gouvernement n'ait pas dit aux communistes : Mes amis choisissez parmi vous dix ou douze personnes qui aient votre confiance, je les embarquerai sur une corvette pour leur faire visiter quelques îles de l'Océanie ; ils y verront votre système en pratique; ils en verront le résultat, et d'après leur rapport, vous jugerez avec connaissance de cause.

LE CURÉ,

Il est certain que ce moyen produirait un meilleur effet que vingt barricades enlevées à la baïonnettes; mais, s'il est propre à déconsidérer le communisme, il ne frappe en rien le socialisme.

LE MAIRE.

Voulant savoir ce que c'est que le socialisme, j'entrepris un jour la lecture de Fourier. L'ennui que j'éprouvais me fit abandonner mon entreprise; il faut commencer par apprendre une nouvelle langue, dont le but est de masquer l'absurdité des idées. Voilà pour la théorie. Quant à la pratique, elle me paraît impossible, à moins qu'on ne veuille se soumettre à un horrible esclavage. D'après cela, je voudrais que tout individu pris en criant : vive la sociale, ou toute autre expression équivalente, fût condamné à expliquer publiquement son système. On verrait alors que la plupart de ces orateurs de places et de rues ne sauraient dire le premier mot, et le public s'en moquerait. Parmi ceux qui parleraient, vous trouverez une telle incohérence d'idées, tant de contradiction dans leur exposition, que le plus grand nombre de leurs partisans auraient honte de se trouver en pareille société. Au lieu de les empêcher de parler, il faudrait les obliger de s'expliquer à fond.

L'INSTITUTEUR.

Cependant, M. le Maire, vous ne pouvez nier qu'il n'y ait de grands abus dans notre ordre social? Comme le disent beaucoup de socialistes, chaque homme en venant au monde a bien le droit de vivre; s'il ne peut gagner sa subsistance, le voilà forcé de mourir de faim.

LE MAIRE.

Veuillez d'abord ne pas mettre un mot pour un autre, car nous ne pourrions pas nous comprendre. D'abord il est faux que l'homme ait le *droit* de vivre; et pour vous le prouver, faites attention que le *droit* étant un avantage, vous faites souvent une bonne action en y renonçant. Ainsi, à la première souffrance morale ou physique, vous pourriez vous brûler la cervelle. Dites donc que l'homme a le *devoir* de vivre, parce qu'on ne peut pas renoncer à un *devoir*. Vous pouvez ajouter que nul n'a le *droit* de l'empêcher de remplir ce *devoir*, et la phrase sera correcte.

Qu'il y ait de grands maux sur la terre, je n'en disconviens pas; que chacun cherche à y porter remède, c'est très-louable; et pour y parvenir, il faut avoir un guide. Il faut observer la justice, sans cela, il est à craindre qu'au lieu d'empêcher un homme de mourir de faim, vous pourriez bien en tuer des milliers. Au reste, soyons de bonne foi; croyez-vous que le nombre des faméliques soit bien grand; pourriez-vous même en trouver un seul parmi les ouvriers honnêtes et laborieux, dans un temps de paix et de stabilité.

J'entends dire tous les jours à des socialistes, communistes : Est-il juste qu'un tel ait des 100,000 fr. de rente, tandis que je n'ai pas un sou? Est-il juste qu'un tel se repose toute la journée, et que je sois obligé de gagner mon pain à la sueur de mon front?

On pourrait leur répondre : Rien n'est plus facile que de ruiner les riches; mais faire que cette ruine soit utile aux pauvres, c'est impossible. Supposons que l'on convienne aujourd'hui d'enlever la fortune de tous les *riches* qui ont plus de 20,000 fr. de rente, aussitôt vous allez voir que les bijoutiers, les carrossiers, les mécaniciens, les peintres de touté espèce, enfin tous les ouvriers et artistes qui travaillent pour le luxe, seront tout à fait ruinés; mais leur ruine entraîne celle des boulangers, des bouchers, des tailleurs, enfin de tous les hommes qui leur fournissaient ce qui leur était nécessaire.

Les gens de 20,000 fr. de rente étant ruinés, on passera successivement aux autres, et on arrivera au point de trouver riche l'homme auquel il restera un habit pour se couvrir.

L'INSTITUTEUR.

Vous trouvez donc, Monsieur, que tout est pour le mieux!

LE MAIRE.

Non certainement, puisque je vous ai dit que nous étions dans une position épouvantable. Je soutiens qu'un gouvernement légitime, seul, peut nous procurer une grande amélioration, et ce gouvernement légitime ne peut se maintenir qu'avec un roi légitime. Nous avons fait l'expérience que chaque parti ayant possédé le pouvoir, nous nous sommes trouvés toujours fort mal. La Restauration, quoique la Charte ne fut pas entièrement légitime, nous a fait un bien immense. On ne voyait certainement pas la misère qui existe aujourd'hui.

LE CURÉ.

Ce que vous dites, M. le Maire, me paraît très-vrai. Il faudrait tout de suite essayer de rétablir l'indépendance des provinces, en ce qui concerne leur administration, et les assemblées provinciales qui discuteraient leurs intérêts particuliers avant de se rendre à l'assemblée générale. Le Languedoc est le pays de France, je crois, où cette institution était la plus perfectionnée. La ville de Toulouse devrait prendre l'initiative pour nous servir de modèle. Les Languedociens savent parfaitement à quel degré de gloire et de fortune ils étaient parvenus.

On a proposé, pour éviter les émeutes, de transporter le siége du gouvernement hors Paris ; ce moyen pourrait être dangereux s'il avait lieu avant le rétablissement des franchises provinciales. — Alors nous n'aurons plus à craindre chaque jour une émeute à Paris.

L'INSTITUTEUR.

Il ne faudrait donc jamais d'émeutes ; elles seraient toujours criminelles. Savez-vous que ce serait une doctrine bien commode pour les despotes ; nous pourrions tendre la tête et ouvrir nos poches ; c'est ce que nous aurions de mieux à faire, puisqu'ils seraient sûrs de l'impunité.

LE MAIRE.

C'est précisément parce que nous ne voulons pas de tyrannie qu'il faut éviter les insurrections. Depuis soixante ans nous en faisons l'expérience. Les premiers révolutionnaires avaient adopté pour maxime : que l'insurrection est le premier devoir ; et en la suivant, ils nous conduisirent à la Terreur. Les crimes de celle-ci l'écrasèrent ; car ce n'est pas une insurrection qui la fit tomber. Trouvez-en une seule qui ait été favorable à la France. Pour moi, je ne la connais pas. Celle de 1830 nous a fait tomber dans un état de nullité que tout Français déplore, précisément au moment où notre patrie se relevait de ses désastres. Plus on se plaindra de l'insurrection de Février, plus on sera en droit de condamner sa mère.

Le seul moyen de rendre le despotisme impossible, c'est de rétablir notre véritable Constitution. Puisque de l'état de serf elle nous a conduit à celui de citoyen, il est évident que la

crainte de la tyrannie est une chimère. D'un autre côté, puisque les rois légitimes ont su réunir tous les lambeaux dispersés de la France, pour en constituer une nation puissante et
glorieuse, tandis que tous les usurpateurs n'ont fait que la
ruiner et l'affaiblir, il est évident qu'il faut se hâter de rappeler le roi légitime.

L'INSTITUTEUR.

Je le vois bien, Monsieur; mais comment faire? Les légitimistes sont trop faibles. Les orléanistes ne sa ralieront pas à
vous parce qu'ils craignent de perdre leur influence, et que la
morgue et la vanité nobilière leur déplaisent.

LE MAIRE.

Ils craignent de perdre leur influence! Nous avons prouvé
que la fausse position où ils sont placés devait les conduire à
la ruine. Encore quelques jours, et vous verrez quelle sera
leur influence! Ils craignent celle de la noblesse; mais celle-ci
n'a plus de priviléges, et elle n'aura pas la sottise de les réclamer; car elle sait bien que tout le monde se liguerait contre
elle et l'écraserait.

Comment donc peuvent-ils avoir peur de sa puissance? Il
faut certainement qu'elle ait sa part d'influence; elle la mérite; M. Guizot, dans un ouvrage récent, en convient. Mais ne
pensez pas qu'il fût dans l'intérêt d'un roi légitime de ne placer
que d'anciens nobles; il se trouverait bien vite seul avec eux,
et se perdrait, puisque ce parti seul n'est pas assez fort pour
dominer les autres, l'expérience l'a prouvé. Au lieu de chercher à s'exclure réciproquement, les partis doivent s'unir et
s'embrasser; que de tous côtés on confesse ses torts; que l'on
banisse de son cœur cette mesquine et honteuse jalousie;
qu'elle soit remplacée par cette généreuse émulation, à qui

servira le mieux la patrie et le prince. C'est la seule noblesse possible aujourd'hui; elle appartient à tous.

Quant à la vanité et à la morgue dont vous m'avez parlé tout à l'heure, je n'ai qu'un mot à vous répondre : L'orgueil est dans le cœur de chaque homme; ceux qui se plaignent de celui de la noblesse n'ont qu'à consulter l'ouvrier, et ils entendront aussi qu'on se plaint de leur arrogance.

LE CURÉ.

M. le Maire, vous allez dire : M. Josse est orfèvre; cette considération ne m'arrêtera pas; mon opinion est qu'il ne peut y avoir d'union durable qu'autant qu'elle repose sur la religion. Qui s'en occupe, qui l'étudie et connaît tout le bien qu'elle répand à pleines mains, tous les jours, sur toutes les classes de la société ?

Le père Lacordaire, dans une de ses belles conférences, a prouvé jusqu'à l'évidence, que le travail, *comme propriété,* est un bienfait du Christianisme. C'est la religion qui a trouvé le moyen de doter l'ouvrier; en sorte qu'aujourd'hui il n'y a plus de prolétaires, excepté cette tourbe de paresseux qui ne veulent pas travailler. De nos jours, l'ouvrier laborieux doit sentir qu'il est lié à toute la société, parce qu'elle est composée de divers états; et que si on en ruine un seul, tous les autres en souffrent; comme tous les citoyens, comme tous les propriétaires, l'ouvrier devient donc victime du désordre ou d'une mauvaise politique; de même il profite de l'indépendance et de la prospérité de sa patrie. Les Anglais sont plus pénétrés que nous de cette vérité; de là leur force. Comme la religion est la sauvegarde et la protectrice de tout ce qui est bien, légitime et saint, c'est sous ces auspices que nous devons nous ranger pour obtenir une paix durable. Depuis le prince jusqu'à l'ouvrier, tous doivent l'étudier sérieusement, pour la connaître, l'aimer, la pratiquer; alors elle nous procurera la paix et tous les biens qui l'accompagnent. — Elle seule peut combattre cette effrayante cupidité, cette convoitise du bien d'autrui, cette jalousie du pauvre contre le riche. — Elle seule peut efficacement combattre cette immense armée des communistes et socialistes.

L'INSTITUTEUR.

Il est évident, Monsieur, qu'il y a une relation intime entre la religion et la propriété, entendues comme vous venez de le dire; car alors on découvre facilement combien on vole l'ouvrier, soit en ne le soldant pas régulièrement, soit en entravant le cours de son travail. D'après cela, il est clair que les émeutes, les insurrections lui font toujours beaucoup de mal, et que les fabricants de révolutions sont les spoliateurs des ouvriers et la ruine de toutes les classes de la société.

LE CURÉ.

La réflexion que vous faites est très-juste, et elle suffirait seule pour expliquer l'état sauvage. Vous savez qu'un grand philosophe se plaisait à appeler le sauvage l'homme de la nature. On croyait que c'était l'état primitif de l'homme; que là, il possédait la liberté, l'indépendance et le bonheur; que l'état de société le pervertissait, lui enlevait sa liberté. Toutes ces extravagances ont été célébrées dans des pages pleines d'éloquence, et que malheureusement beaucoup de gens ont pris au sérieux.

L'INSTITUTEUR.

Comment, M. le Curé, le sauvage n'est pas plus libre que nous! Il ne peut pas suivre ses penchants plus que nous; mais cela me paraît bien fort; j'allais dire, permettez-moi le mot....; absurde.

LE CURÉ.

Le mot absurde ne me fâcherait nullement. Il est si facile de réfuter cette philosophie !

Un jour, un savant, connu par ses travaux zoologiques, me racontait que le bâtiment sur lequel il était mouilla dans une rade de la *Papouzie*. Plusieurs camarades et lui descendirent à terre, en prenant toutes les précautions nécessaires pour se mettre à l'abri des attaques des sauvages. Ils se dirigèrent vers un grand lac; leurs regards se portèrent sur une pirogue, qui contenait un naturel, une femme et quelques enfants. Cette pirogue s'arrêta au pied d'un palétuvier ; la femme, d'abord, grimpa sur l'arbre, les enfants l'imitèrent, le sauvage leur fit passer son arc, ses flèches; et quand il eut amarré son embarcation, il se hucha sur les branches. Croyez-vous maintenant que ce singulier nid, pour passer la nuit, ait été très-librement choisi? Il n'en est rien. Il faut, avant tout, se mettre à l'abri d'une surprise et conserver la pirogue. Ces malheureux étaient donc *forcés* d'agir ainsi ; est-ce un acte de liberté? Arrive le jour, il faut chercher quelques poissons, quelques coquillages; ils n'en trouvent pas tous les jours; alors les angoisses de la faim contribuent certainement à augmenter leur férocité. Veulent-ils se promener, ils rencontreront bientôt une famille voisine, d'où suit un combat à mort, après lequel les vaincus sont rôtis et mangés par les vainqueurs ; est-ce encore de la liberté?

L'INSTITUTEUR.

Je comprends qu'ils ne peuvent cultiver la terre pour en tirer de quoi se nourir, ils se trouveraient dans le cas des habitants de Tonga ; il faut donc se décider à respecter la propriété, pour ne pas devenir épouvantablement malheureux. Cependant, M. le Curé, vous savez qu'il y a de bien mauvais riches. Comme moi, vous en connaissez qui laisseraint un homme mourir de faim, plutôt que de le secourir; et ceux-là aussi il faut les respecter?

LE CURÉ.

Oui! il est des hommes impitoyables, qui tiennent beaucoup plus à un écu qu'à la vie d'une famille; et peut-être, qu'aujourd'hui, le nombre en est plus grand que jamais. Comment détruire cette classe d'égoïstes, qui ne méritent pas le nom d'hommes? Je ne connais d'autres moyens que de répandre, encore plus qu'on ne le fait, l'enseignement religieux. Soyez bien persuadé que, si on essayait du pillage, bientôt les pillards jugeraient que tout le monde est égoïste, et les uns après les autres seraient volés par une troupe de bandits.

L'INSTITUTEUR.

Vous me parliez, tout-à-l'hure, des sauvages de Tonga et de la Nouvelle-Guinée; l'une et l'autre sont situées dans la zône-torride. N'est-ce pas la chaleur qui les énerve et les empêche de travailler? Ainsi, ce que vous attribuez aux effets d'une mauvaise doctrine, pourrait bien être l'effet du soleil brûlant de ces pays-là.

LE CURÉ.

Les Papous sont continuellement en guerre ou à la chasse. Ces exercices sont plus violents pour le sauvage que pour nous. Si la chaleur ne les empêche pas de guerroyer, de chasser, pourquoi les empêcherait-elle de travailler la terre? Pourquoi les Malais de Java sont-ils devenus cultivateurs, ouvriers, artistes, depuis que les Hollandais possèdent cette île; tandis que leurs voisins de Bornéo sont encore antropophages et toujours à combattre peuplade contre peuplade. Si le soleil est un obstacle pour les Bornéonais, il devrait l'être également pour les Javanais, puisque ces deux îles ont la même température.

Si nous quittons la zône-torride pour nous transporter le long des montagnes rocheuses, près du Canada, je vous demanderai, à mon tour, si c'est le froid qui empêche les sauvages de ces contrées de cultiver la terre? Là aussi que trouvez-vous? Des peuplades en guerre continuelle. Ici, comme partout, d'intrépides missionnaires catholiques sont allés vivre avec les sauvages pour les instruire, les civiliser. Çà et là on trouve des végétaux cultivés par les nouveaux chrétiens; peu à peu la culture s'étendra, bien certainement, à mesure que la croix sera connue et saluée par un plus grand nombre de sauvages. Les mêmes faits se représentent dans la Nouvelle-Zélande, en Afrique; enfin, partout où va le missionnaire catholique, on trouve la trace des bienfaits répandus par la religion.

L'INSTITUTEUR.

Vous parlez continuellement du courage des missionnaires catholiques. Les Anglais, les Américains ont aussi les leurs par toute la terre, quoique d'une religion différente de la nôtre; ils ont certainement rendu bien des services à l'humanité.

LE CURÉ.

Vous soulevez-là une question du plus haut intérêt; pour la résoudre, il faut rappeler les paroles de notre Divin Maître, lorsqu'il dit à ses apôtres : « Allez, enseignez toutes les nations, etc. »

Auparavant, il les avaient prévenus qu'à cause de son nom ils seraient fouettés, emprisonnés, calomniés, baffoués, exposés à toutes sortes de tourments et à la mort. Singulière manière de les encourager.

Cependant ils obéissent et endurent tous les tourments

annoncés. Voyons si les missionnaires de nos jours marchent sur les traces des apôtres.

En Chine, en Cochinchine, dans toute l'Inde, vous trouverez des missionnaires qui ont eu le courage de se jeter parmi les populations. Quand on a voulu les écouter, ils ont enseigné la bonne nouvelle. Bientôt les mandarins se sont mis à leur poursuite : ils ont été emprisonnés, fouettés, déchirés à coups de peignes, mis à mort. Rien de ce que le Christ avait prédit à ses disciples ne leur a été épargné. A mesure que l'on tuait un de ces apôtres, d'autres se tenaient prêts à le remplacer. Ce que je dis de ces contrées, s'accomplit également en Éthiopie, en Perse, dans l'Asie-Mineure, en Afrique, en Amérique, dans le grand Océan. A quelques variations près, ce sont toujours les tourments promis par Notre-Seigneur.

Voyons maintenant le missionnaire anglais, américain. Celui-ci part, accompagné de caisses remplies de Bibles, traduites à l'avance pour les habitants du pays qu'il va instruire. S'il est mal reçu, s'il voit qu'il a des dangers à courir, il décampe promptement, laissant sur la plage quelques-unes de ces précieuses caisses, pour opérer les conversions.

Les Chinois en font un cas particulier. Les feuilles des Bibles sont employées à faire des semelles de souliers.

Si le missionnaire anglican est bien reçu, s'il juge que rien ne le menace, qu'il peut être tranquille, il se fixe dans un lieu convenable, il se met en relation avec les habitants, et tout en distribuant des Bibles, il traite des affaires commerciales.

Le dimanche, il lit quelques psaumes à ceux qui sont aises de l'entendre.

Quelquefois le missionnaire est employé du gouvernement, et ajoute à cette charge, ou l'exercice d'une industrie, ou la tenue d'une école. C'est ainsi que nous avons vu le fameux Pritchard, apothicaire, accoucheur, marchand, consul et ministre méthodiste. Ajoutez que ces messieurs sont très-bien payés par la Société Biblique, qui leur procure aussi un logement confortable, où ils s'installent presque toujours avec leur famille. Je n'ai jamais entendu dire qu'aucun de ces missionnaires ait été martyrisé, tandis qu'il y en a plusieurs qui sont revenus riches de leur mission.

D'après le tableau fidèle du missionnaire catholique et du missionnaire anglican, vous pouvez juger, mon cher Instituteur, lequel des deux est le vrai disciple du Christ. Il ne vous sera pas difficile, après cela, de tirer la juste conséquence : Quel est la vraie religion ?

L'INSTITUTEUR.

Je vous remercie, M. le Curé, vous faites disparaître des préventions que je croyais fondées, et qui ne le sont pas, puisqu'il est impossible de nier les faits que vous citez. La religion fait donc plus pour le bonheur et l'instruction des hommes que tous les philosophes ensemble. En même temps, je dois dire à M. le Maire que sa politique ne m'a pas tout à fait converti. Je vois beaucoup de difficultés à faire revenir les philippistes ; l'orgueil pourrait les empêcher d'avouer leur faute, dans le cas où ils reconnaîtraient la vérité.

LE MAIRE.

La vérité a un tel attrait pour l'honnête homme, que lorsqu'il a le bonheur de la rencontrer, il la saisit bien vite et l'embrasse avec amour. Toute la difficulté est de la découvrir. Un savant académicien, connu par sa bonne foi et l'étendue de ses connaissances (M. Droz), dit dans ses pensées :

« Je rencontre tous les jours par le monde des gens qui me » disent n'avoir jamais varié dans leurs opinions. Vous sentez » que je ne les crois pas ; par la raison qu'il me paraît im» possible qu'un être raisonnable reste vingt, trente ou qua-

» rante ans sans augmenter ses connaissances. » Appliquons ces réflexions à notre sujet.

Par l'effet de sa volonté, un homme peut se jeter dans tel ou tel parti; mais la volonté est influencée par l'opinion, et, à son tour, celle-ci est influencée par tous les degrés d'instruction que subit l'homme, abstraction faite de ses passions, et surtout de son égoïsme dont il doit toujours se défier. Or, les secousses continuelles que nous éprouvons sont bien faites pour nous instruire; sachons donc en tirer parti. Je connais un très-honnête homme, bon chrétien, qui se dit républicain; et quand je lui dis : Êtes-vous républicain, même pour la France? Il est un peu déconcerté. Les deux essais que nous en avons faits ne sont pas très-propres à le rassurer. Je connais également deux rouges, où du moins se disant tels; faites leur la question : Qu'appelez-vous rouges ? Ils vous répondront : Ceux qui veulent la gloire, la prospérité de la France; ceux qui veulent améliorer la position du pauvre et de l'ouvrier surtout; ceux qui ne voudraient pas voir de ces criants abus que nous rencontrons à chaque instant; ceux qui veulent la diminution du budget; la liberté et la sécurité pour tout le monde. Vous pouvez leur dire : Mais vos souhaits sont ceux de tous les bons Français; nous les partageons ! Le même raisonnement que nous venons d'appliquer aux rouges, s'étend aux orléanistes; dans ceux-ci, pareillement, vous trouvez des cœurs français et honnêtes. Il ne s'agit plus que de leur faire voir qu'ils suivent une fausse route et qu'ils se trompent grossièrement. *Nous voyons tous les jours des hommes qui tombent impies et se relèvent chrétiens,* pour me servir de l'expression d'un père de l'Église. De même, ceux qui errent dans la politique peuvent revenir à la vérité, pourvu qu'ils veuillent réfléchir sur tous les maux causés par les révolutions de toutes les couleurs. Dès lors ils doivent avoir le courage de condamner la leur, et nous leur tendrons les bras comme à nos frères.

N'allez pas croire que je veuille faire l'éloge de la versatilité, qui est une faiblesse de l'esprit ; mais la conviction acquise, par une recherche assidue de la vérité, est une propriété trop précieuse pour ne pas être estimée de tout le monde, et on ne doit pas avoir honte de la montrer ; que l'on passe donc en revue toutes les phases de notre révolution et de notre histoire, et l'on verra que la Constitution légitime de la France, accompagnée de la royauté légitime, peuvent seules nous préserver des maux qui nous menacent, et nous ramener la gloire et la prospérité.

L'INSTITUTEUR.

Vous avez raison, Messieurs, en politique et en religion me voilà d'accord avec vous ; mais comment ramener à notre opinion tous ces anciens philosophes, devenus orléanistes et socialistes ; ce que vous dites ne les rendra ni plus religieux, ni plus légitimistes, au contraire, vous les irritez par les tableaux que vous avez faits.

LE MAIRE.

Vous vous êtes sans doute aperçu, Monsieur, que nous avons évité de placer des noms propres, afin de ne mortifier personne. Quant à ceux qui sont morts depuis longtemps, ils appartiennent à l'histoire ; et lorsqu'on entend dire dans la Chambre des représentants, l'*illustre Robespierre et la grande Montagne,* il faut bien prouver que ces hommes étaient ou des fous furieux, ou des scélérats qui ont ruiné la France et fortifié l'Angleterre ; s'ils ont agi ainsi, en connaissance de cause, ils doivent être regardés comme des traîtres ; si telle n'était pas leur intention, vous serez forcé de convenir de leur incapacité ; comment donc en faire de grands hommes ?

D'un autre côté, vous entendez parler de la glorieuse Révolution de Juillet ; il a bien fallu en montrer les fatales conséquences à toute la France, surtout dans le moment où les chefs du parti se vantent de leur force, parce qu'ils se croient nombreux.

Enfin, mon intention, comme celle de M. le Curé, a été de vous faire voir que les Français sont attaqués d'une maladie morale bien dangeureuse, c'est de vouloir faire l'impossible. Cette infirmité se présente sous diverses faces, et a plusieurs crises :

1° C'est la folie de faire des Constitutions pour un peuple qui en a une depuis plus de douze siècles, et qui est le plus ancien de l'Europe ;

2° La manie de fabriquer des rois, empereurs, présidents, chefs quelconques ;

3° La dernière crise de cette terrible folie, c'est que ceux qui en sont atteints se croient destinés à changer l'ordre social.

Si le peuple (ainsi appelé, comme si nous n'étions pas tous peuple), se laisse prendre au piége grossier du socialisme, il sera terriblement puni ; les classes aisées et riches le seront également, et ce sera justice ; car ce sont elles qui ont inventé le droit d'insurrection ; ce sont elles, en dernier lieu, qui ont encouragé ces romanciers sensualistes, socialistes et sans foi, qui ont perverti tant de lecteurs. Or, le socialisme me paraît très-propre à faire les fonctions d'exécuteur des hautes-œuvres, pour châtier tous les coupables, jusqu'à ses adeptes et à ses propagateurs. Peut-être est-il destiné à nous réunir par l'effroi qu'il cause et les sages réflexions qu'il ins— pire.

On a parlé dernièrement d'un rapprochement entre les deux familles ; nous avons vu des journaux dynastiques s'opposer à cette réunion, alléguant que ce serait renoncer au principe de la souveraineté du peuple. Ils prétendent aussi que ce rapprochement serait injuste, en ce que les d'Orléans feraient seuls des sacrifices, le duc de Bordeaux n'en ayant aucun à faire. Ne discutons pas avec eux; laissons aux princes d'Orléans le doux espoir de remonter sur le trône, soit par *l'effet d'un tour de main,* soit par ce qu'ils appellent la *volonté du peuple,* qu'ils n'ont jamais consulté et qu'ils ne consulteront jamais. Mais faisons observer que ces princes ne peuvent conserver à la fois et leurs droits légitimes comme princes du sang et leurs prétentions; car il y a incompatibilité entre ces deux propositions. Sans doute leur devoir serait de se soumettre les premiers au duc de Bordeaux, comme de bons et loyaux sujets; mais le feront-ils? Puisque nos désirs et nos craintes ne peuvent avoir aucune influence, pourquoi nous en occuper? Les événements de ce monde sont conduits par une main qui dérange souvent nos projets. Peut-être qu'à un jour donné, dans un temps plus ou moins éloigné, à leur tour, ils entendront prononcer cette terrible sentence : *Il est trop tard!...*

Quant à nous, hommes de tous les partis, n'attendons pas que l'exemple nous soit donné d'en haut. Nos efforts et notre bonne volonté peuvent seuls nous sauver; déjà une lueur d'espérance se montre; nous lisons dans certains journaux conservateurs que *l'insurrection est toujours un crime.* Le noble exemple donné par M. Madier de Monjeau père sera sans doute imité par les âmes généreuses. Avouons tous nos torts réciproques, apaisons la justice divine en nous corrigeant; et, citoyens de toutes les classes, nous tous, plus ou moins blessés dans ces luttes, donnons-nous la main, et d'un commun accord, saluons ensemble notre commune protectrice : LA LÉGITIMITÉ !

FIN.